JN101168

日本の大逆襲

経済、防衛の超大国へ

杉山徹宗
Sugiyama Katsumi

ワニブックス

はじめに

2024年の現在、日本経済は1980年代にバブル経済と言われた時代の元気さが戻っていない。事実、日本国家のGDPは1990年から2022年までの30年間、600兆円台に留まり続ける中で、米国のGDPは2400兆円、中国は1900兆円にまで上昇を続けている。経済大国2位であった日本は、今や4位へと後退し、来年にはインドにも抜かれて5位となる。

だが日本が、この苦境から脱するために、これからの世界中が求める「モノ」を、古代から日本人が持つ技術力で開発・生産していけば、10年後には日本の経済力は米国と並び、さらに15年後からは世界のトップを走り始めるであろう。なぜなら以下に掲げる技術は、2024年、現在日本が3割近く独占・保有しているからである。

それらの技術というのは、「光量子コンピュータ技術、完全自動翻訳技術、アンモニア発電技術、液体水素燃料の各種エンジン適用技術、巨大宇宙船帰還技術、極超音速旅客機技術、巨大潜水貨物船技術、各種ロボット技術、レーザー技術」等々である。これらの技術は、日本が世界より一歩または二歩、先行しているのである。

もちろん、こうした新技術による製品を作るには多くの工場で、たくさんの労働者が働かねばならない。そして資材の運搬から組立工程、完成品輸送などに多くの労働力が必要となる。米国や中国では、労働人口は増え続けているため問題はないが、日本の場合は急激な人口減少によって、労働人口もあらゆる業界で人手不足を招来している。

ただし、労働力の減少を補う形で、日本では今後、「生成AI」や「ChatGPT」といったAI技術が積極的に利用されるため、労働生産性が数段アップされることになる。一方、米国の場合は、労働者の存在が人権として尊重される社会である。2023年に「日本製鉄」が「USスティール」を買収することに対して、全米労働者組合やドナルド・トランプ前大統領などは、米国労働者の職場を奪うものとして大反対をしている。つまり、米国ではChatGPTなどの技術はあっても、人間の労働力こそが機械に優先する社会なのである。中国においても、労働力はあり余る状態にあるから、AIの利用は限定せざるを得ない。

そこで日本としては、生成AIやChatGPTの技術を駆使して、新製品の開発を官民の技術者たちが合同で行い、資材輸入・工場搬入・生産・出荷・海外輸送までの工程を、できる限り機械に行わせる方法を取ればよい。

また官民合同でR&Dの必要な4つのプロジェクトへの費用は、1年間に2兆6000億円ほどが必要であるが、これを10年間続けると26兆円必要となる。この金額は国民からの投資によって、推進するべきというのが本書の趣旨である。

3. 日本経済が30年間沈滞し続けているわけ

第2章

水素エネルギーと自動翻訳機は日本経済の基本

4．日本は21世紀に必要な産業を興すべし

5. 日本のプロジェクトは地球を救い、日本を豊かにする

6. 「水素燃料」と「完全自動翻訳機」は日本経済の土台となる

第3章

物流・サービス・AIの開発が莫大な外貨を日本にもたらす

7. 新物流は宇宙と海洋を活性化する

8．日本の技術力が軍事紛争を止め、激甚災害の被害からも救う

9．病院船派遣とPKO、さらに難病克服の研究を進めよ

第4章

日本経済の発展を阻害する要因とは

12. 対露外交戦略を立ち上げよ

第5章 日本が高度経済成長を持続させるには

13. 国際ビジネスに必要な安全保障と危機管理知識

第1章

20世紀、日本は経済大国になったあと、なぜ転落を始めたのか

1 米国はいかにして経済的基盤を築いたのか

1 米国を超大国に押し上げた数字へのこだわり

江戸時代末期に日本が開国をしてから、一貫して関係を続けてきた米国との「経済」面での比較から話を進めてみたい。

まず、2023年の日・米・中のGDPの比較から見てみよう。日本は42兆ドル、米国は269兆ドル、中国は177兆ドルである。ちなみに今から50年前の3カ国のGDPは、日本が11兆ドル、米国が28兆ドル、中国は3兆ドルであった。

これらの数字を見ても明らかなように、日本は1990年代初頭から、2022年までの30年間にわたって経済成長はストップしたままである。一方で、米国は19世紀末から経済大国の地位に登り詰め、21世紀の現在においても超経済大国の地位を維持している。米国はなぜ超大国になれたのか。さらに21世紀の現在においても、米国経済は世界一を走り続けているが、それはなぜなのかを探っていきたい。

米国が独立後100年で世界一の経済大国となったわけは

米国は1776年に独立をしてから、およそ100年後となる1880年には世界一の経済大国へと伸し上がったが、その要因を簡単にまとめれば以下のことが挙げられる。①欧州各国からの移民が毎年のように訪れたが、移民の多くは教育程度も高く安価な労働力となったこと、②19世紀初頭に、欧州から産業革命の波が米国に押し寄せたこと、③豊富な資源（エネルギー、鉱物、農産物）が国内に存在、④数字の分析による経営の本質を理解したこと、⑤100年間続いたインディアン（ネイティブ・アメリカン）との闘争から得た「安全保障上」の知識、⑥1823年から100年以上続けている外交上の「中立政策」、⑦各界で発明・発見競争が連続、などが主な要因である。

独立間もない米国は、経済的には農業国家であり、工業国家にまでは進んでいなかった。それを大きく変えた最も大きい要因は、第5代大統領であったジェームス・モンローが、1823年に欧州諸国に対して「モンロー・ドクトリン」を発したことである。

これは南北の新大陸に対して、列強と言われた欧州諸国が政治的・軍事的介入をして、植民地化することを防ぐためにモンローが宣言したもので、「不干渉、非干渉、非植民」を掲げたものであったが、この政治的中立政策が結果的に、200年以上にわたって米国に多大の輸出効果をもたらした。1800年代の欧州では、隣国にある列強諸国同士によるせめぎあいのみならず、植民地においてさえも激しい抗争を繰り返していた。

このため、欧州列強諸国は戦争継続のために、武器・弾薬をはじめ、食糧・医療・機械・道具・農産物・石炭・石油・鉄鋼など、生活用品も含めて大量の物資を恒常的に必要としており、自国内での生産だけでは需要を満たすことが不可能な状態にあった。そこに米国という中立政策を掲げる上に、戦争に必要なあらゆる物資を供給してくれる国家が現れたのである。

この米国の中立政策によって、欧州諸国は敵も味方も軍需物資と生活物資を、米国に毎年大量に発注し続けた。米国にとっては「戦争特需」の始まりであった。しかも、この特需中立政策は、20世紀末の冷戦が終了するまで続いて、米国を世界一の経済大国へと押し上げ続けた陰の要因となったのである。そして、戦争特需やインディアンとの戦いにおける物の「数量」のチェックこそが、米国を経済大国へと導くキーワードであった。

さらに重要なことは、米国が英語を公用語としたために、英国からの移民以外は皆、英語を学び、子供たちも英語を母国語とするべく教育された。そして英語を話す人間が急速に増加するにつれて、英語圏内とのビジネスはもとより、英語圏以外の言語地域同士でも英語によるビジネスが行われるようになった。特に欧州で戦乱を続けていた国々は、米国の品々を売ってほしいと頼む立場にあったことも英語を使用する機会を増大させていった。

米国は独立を宣言した1776年から1820年頃までは農業国家であり、かつ地方分権の強い国家であったが、1823年を契機として中央集権の工業国家へと大きく舵を切り始めた。

対インディアン戦争で「数字」と「兵站」の重要性を認識した米国人

1823年から始まった米国における戦争特需は、日本が第二次世界大戦後の荒廃した国土を瞬間的に蘇らせたとされる「朝鮮特需」や、「ベトナム特需」の比ではないのである。日本の場合は輸出する製品を生産するために、各種資源やエネルギーを諸外国から輸入しなければならなかったが、米国には各種鉱物資源も、エネルギー資源も、そして食糧資源さえも豊富に存在していたからである。

米国政府は独立後まもなく、欧州移民が押し寄せると、彼らに中西部地方への開拓移住を勧めたが、西部への移住に立ちはだかるインディアンを撲滅するために、国内百数十カ所に「砦」

を築いて、騎兵隊（陸軍）を常駐させた。その上で、軍隊が長期間にわたって必要とする大量の、兵器・弾薬、飲料水、灯油、食糧、医薬品、被服、娯楽品、軍馬と飼料などの物資を、砦内の貯蔵庫に蓄えた。

こうした用品や備品の数は膨大な量にのぼったが、これらを正確に把握・管理する必要から、「数字」の重要性に気がついたのである。その結果、彼らは会社を運営するようになってから、あらゆる部門における「数字」というものを徹底的に分析しつつ、ビジネスモデルを生み出して経営に役立てるようになった。このことは、彼らが立ち上げた企業が、１００年以上経過しても依然として、大企業としての発展を続けていることの証左でもある。

さらに「兵站（へいたん）」であるが、米国では騎兵隊の経験を通して、軍隊が戦闘をはじめとする軍事行動ができるのは、兵站にあるという認識を司令官から一兵卒までの誰もが強く持った。同時に、これらの物資を常に補充するための「物流（馬車、鉄道）」の確保にも、意を注いでいた点も見逃せない。

日本は戦国時代から第二次世界大戦に至るまで、敵地に進出した場合は、現地の食糧や物資で軍事行動を補うことが慣例として行われてきたため、「兵站」や「数字」の意味や重要性を全く理解していなかった。

さらに米国では、騎兵隊活動を維持するため、１つの砦内での貯蔵品は膨大な量にのぼったが、それらの正確な数量を把握・管理するために必要となったのが、書類整理のための簿記であり、タイプライターであり、金銭登録機であった。ここから複式簿記や会計学さらに統計学へと発展していった。同時に、「兵站」の重要性を全兵士が認識するとともに情報班（斥候（せっこう））、輸送部隊や調理班・医療班・衛生班を軍隊内で大事に扱う風潮も形成されていった。

一方、日本は戦国時代から、軍人は戦場で勇敢に戦うことこそが本務とされていたことで、輸送や衛生、調理、斥候・スパイ活動等に従事する者は、兵士に比べて一段低く見られていた。この風潮は、第二次世界大戦まで日本軍を支配した結果、洋上で敵の輸送船部隊を見ても、我が方の戦艦部隊は戦意が湧かず、わざと見逃す挙に出ていた。

一方、米軍の潜水艦は危険を伴う日本の軍艦は攻撃せず空軍による空からの攻撃に任せ、輸送船のみを徹底的に狙って日本の「兵站能力」と「数」を減少させていった。その結果、日本軍は陸軍も海軍も行動範囲は大幅に縮小され、敵を発見しても攻撃行動さえ取れなくなっていった。

米国経済、1880年に世界一となる

米国を二分した南北戦争は5年ほど続いたが、この間、彼らが必要としたのは兵器を生産するための鉄や銅、燃料となる石炭や油であった。そして北軍のいた北米地方には大量の鉱物・エネルギー資源が埋蔵されていた。北軍の勝利で戦争が終結すると、米国はこれらの資源を利用し、巨大な産業国家へと驀進し始めた。その要因の1つは、欧州から産業革命の波が入って、新たな技術が導入され工業生産力が飛躍的に発展増大したことである。しかも、安価な労働力が次々と欧州から入ってきたのである。

さらに、海外との輸出交渉や輸出製品については英語だけを使用、あるいは表示するだけでよかった。他国言語に翻訳する通訳や外国語による表示・説明は不要であり、時間と労力を省くこともできたのである。

実際、南北戦争以降の米国資産家の「資産」を、現代の資産家と比べてみると、いかに1800年代から1900年代中葉までの米国経済人が、豊かな資産家であったかが分かる。アメリカ商務省の統計によると、1998年に大富豪となっているマイクロソフト社の「ビル・ゲイツ」の資産を「1」とすると、1869年の米国資産家たちはビル・ゲイツの「1500倍」、1877年の資産家たちは「9774倍」、1900年の資産家たちは「400倍」、そし

て１９３７年においてさえも「88倍」もあったのである。事実、１８７０年以降には、世界的富豪ともいえる経済キング（王）が次々と出現していた。

そして経営術が優れていた以上に重要であったのが労働者たちであった。新たな産業革命によって誕生した「各種の会社（事務、経理、工場、倉庫、輸送、販売、宣伝等）の業務」は、社員にとっては未知の業務であった。当然ながら、いずれの業界も、事務所業務、工場業務、倉庫業務、配達業務、経理業務等において、「日常的なリスク」が頻繁に発生したはずである。

日常的リスクとは、企業、官庁、学校、病院など大きな組織の中で、しばしば発生するリスクである。例えば、監督責任、資金運用・管理、納期の遅れ、人事、製造物責任、新製品開発、労働災害、資材不足、工程上の不備、連絡不備など、企業の日常業務の中に胚胎（はいたい）するリスクだが、各職制が毎日きちんと対処していれば大事には至らない。もちろん、日常リスクであっても、ミスや看過によっては非常リスクに至る場合もある。

そして、これらの業務をスムーズに行わせていったのは、読み書き算盤（そろばん）といった知識であった。米国は１８００年代からは、教育事情において世界第２位の教育大国へと発展していたことで、このことがその後の発明・発見などに大きな影響を与えたと言えよう。

この結果、20世紀初頭から米国では、庶民さえも金持ちとなる者が多く、アメリカ人の生活様式までが贅沢華美なものへと変わっていった。当時からアメリカ人といえば金持ちの代名詞となったが、この風潮は1910年代から「American Way of Life（アメリカ的生活様式）」として、もてはやされた。

一方、教育に関しては、17世紀から19世紀中を通して、教育力の世界一は日本であった。これは幕藩体制の中で、寺子屋教育が発達したことが大きいし、各藩校なども競って学問に力を入れていたことも大きい。識字力が高いことは、情報などに強いことを意味しており、経済、技術、軍事など、あらゆる面において国家・国民の発展を強く促した。

2 日本が50年で欧米に追いつけたわけ

日本を列強に並ぶ経済力をつけたのは識字力、技術力、そして退役軍人たち

さて、19世紀も後半になると日本は、開国から28年目にアジアでの超大国である「大清帝国」をわずか1日で撃破し、さらに開国から38年後には、世界の超大国であった「ロシア帝国」をも完膚なきまでに叩き潰したのである。

その結果、第一次世界大戦後に開催されたベルサイユ会議で、日本が米・英・仏・伊と並んで「五大列強国」の一員となったのは、開国から丁度50年目のことであった。

日本が開国してから、わずか50年目にして世界の列強と肩を並べるまでに強大となった要因を探ると、①江戸時代から続く世界一の教育水準の高さ、②政権担当者が、欧米先進国へ一年間の視察と、子弟への海外留学制度を採用し、欧米知識を徹底的に吸収したこと、③貧弱な資源に比して過剰な人口を持つ危機感があったこと、④国民皆兵制度の実施、⑤国民が質素で倹約生活に甘んじたこと、⑥欧米が日本をライバル視していなかったこと（油断）などが挙げられよう。

これらの要因の中でも特に重要なことは、国民皆兵によって、男子の多くが徴兵されて「隊内教育、訓練、演習、実戦」などの軍務を経験したことである。日清・日露戦役の後、職業軍人は軍隊に留まったが、徴兵された一般兵士たちの多くは退役後、大中小の民間企業に就職していった。

特に徴兵制によって軍隊勤務を経験した農民や町民などの一般市民は、軍隊経験をすることによって武士的気概を持って、近代的労働市場である会社で一生懸命に働いた。幕藩体制での一般市民は士農工商制度によって、特権階級である武士の下で精神的に鬱屈した状態にあったが、明治維新で徴兵制のために軍人になると、「帯刀の上に銃」を持たされたことで、いわば「武士」になれたと感激したのである。

　このため、明治直前まで町人・職人・農漁業民として過ごしてきた新市民は、軍人にあこがれ、上官の命令に対しては絶対服従の精神で戦場を駆け巡った。日清戦争や日露戦争で日本陸軍の強さ、犠牲的精神の発揮は武士としての矜持を持った証であった。退役して企業に勤務した時も、彼らは引き続いて武士の矜持を持って働いたのである。それゆえ、日本の産業は全ての分野で高度成長を遂げ、金のかかる軍艦や兵器を列強諸国並みに揃えることに時間はかからなかった。

　ところが、日露戦争までの日本人の多くは、日本があっという間に列強諸国の仲間入りを果たしたのは、日本人のサムライ精神とも言うべき「勇敢さ」、「自己犠牲精神」に求められると考えてきた。このため日本人は、第一次世界大戦から始まる世界的戦争では、急速に発展した「科学技術力と情報力」の結果に左右されるということに全く気がつかなかった。

　大東亜戦争は米国の謀略に嵌まったことで開戦に至ったが、精神力だけが強調された結果、日本は未曽有の大敗北を招き、全国土が焼土と化してしまった。しかしながら、焼土から立ち上がった復員軍人たちは、職を得た企業では戦争で培った危機管理能力を如何なく発揮し、企業を発展させたのである。しかも戦争で国土は荒廃したが、工業国家としての基盤はすでに戦前から完成していたため、産業にとって必要なエネルギーや資源を安価に入手すると、たちまち経済大国へと邁進していった。

また、戦前、士官学校に入って軍事教科を学んでいる間に、終戦を迎えたために戦場に出ることなく、企業に就職した者も、士官学校在学中に学んだ「安全保障論、戦略論、統率論、戦史、外交史」などが、企業の危機管理や経営上の戦略的思考に役立ち、企業収益に大いに貢献し、小企業を中企業に、そして中企業を大企業へと発展させる結果まで生んでいた。ちなみに1960年代から1980年まで、大手企業の経営陣で活躍した人々のうち、陸軍士官学校や海軍兵学校に在籍中に、終戦となったため、戦後は企業に就職し、その後経営者にまで登り詰めた人々を、まとめると次のページの表のようになる。

代表的な例として陸軍では瀬島龍三氏、海軍では山本拓真氏の名前を挙げることができよう。瀬島氏は伊藤忠商事を国際的な商社に、そして山本氏は富士通を世界的な通信企業に育て上げている。

表に掲げた大企業の社長たちはごく一部であり、中小企業に至っては、社長や副社長をはじめ重役陣の軍人出身者は無数といっていいほどたくさんいる。また、他の分野では外交官や大学教授となって活躍した人たちも多い。

例えば、陸士や海兵出身者で大使となった者は10人もいる。もちろん、下士官や兵士として

現役で活躍する陸軍・海軍出身者

海軍兵学校　75期	
小林公平	阪急電鉄・会長
平松一郎	京浜急行電鉄・社長
桑田弘一郎	テレビ朝日・取相（前社長）
丹野恒二郎	和光証券・会長
松本輝濤	東亜建設工業・会長
中村雄次郎	野崎産業・社長
有延悟	大和紡績・会長
志村文一郎	電気化学工業・会長
川野光斉	日本アジア航空・会長
太田敏郎	ノーリツ・社長
三浦武雄	日立製作所・副社長
有田正男	大阪銀行・頭取
76期（在学中に終戦）	
家入昭	ブリヂストン・特別顧問（前社長）
濱辺正剛	三菱樹脂・会長
西室陽一	東京液化ガス・相談役（前会長
向井恒夫	三井建設・副社長
77期（在学中に終戦）	
金井務	日立製作所・社長
川上哲郎	住友電工・会長
朝倉龍夫	日本合成ゴム・会長
小林恂	テック顧問（元東京電気・社長）
78期（在学中に終戦）	
山本兵蔵	大成建設・社長
今村治輔	清水建設・社長
上山保彦	住友生命・取相（前社長）
増澤高雄	日本長期信用銀行・会長
星野二郎	三井造船・社長
今井敬	経団連会長　新日鐵会長
成田豊	電通会長

陸軍士官学校　58期	
山本卓真	富士通元社長・会長
山口信夫	旭化成元社長・会長
59期	
鬼沢正	三井建設・社長
正野勝也	雪印乳業・会長
廣瀬秀雄	東洋証券・取相（前会長）
小笠原平一郎	竹中工務店・副社長
中川一	新日本製鐵・顧問（前副社長）
江藤武敏	化成物流会長（前三菱化成・副社長）
浅山五生	三菱建設・社長
60期（在学中に終戦）	
今村一輔	秩父小野田・社長
本山英世	キリンビール・相談役（前会長）
玉置正和	千代田化工・会長
濱田耕一	四国銀行・頭取
阿部一治	栃木銀行・頭取
青木賢治	マルハ・監査（前副社長）
61期（在学中に終戦）	
向山茂樹	日本軽金属・取相（前社長）
久保田照雄	北陸銀行・会長
瀧省一	関西銀行・会長
飛松建二	宮崎銀行・頭取
苅野照	飯野海運・社長
南崎邦夫	石川島播磨・顧問（前副社長）
中沢博司	ユアテック社長（前東北電力・副社長）
佐々木史郎	東京電力・取相
幼年学校48期（在学中に終戦）	
小長啓一	通産次官・アラ石社長
植田新也	産経新聞社長

（出典：財界展望）

軍隊勤務を過ごした人たちも、戦後、中小企業に入社して活躍し、経営者になった者は数多くいたし、管理職として活躍した人も大勢いた。

その結果、1970年代初期には、日本は世界第2位の経済大国へと伸し上がっていった。もっとも、日本企業にとって「運」がよかったのは、第二次世界大戦で世界経済が沈滞していたために、国際貿易システムで「保護貿易体制」が認められたことである。日本はこのシステムを徹底的に利用して経済大国への道を進んだ。ただし、日本の経営者は、米企業経営者のように「数字」の持つ重要性には、気がつかなかった。

なぜ、軍隊経験者は経済・経営活動に向いているのか

軍隊での業務を数年間過ごした者が、退役後に民間企業に就職して企業の仕事に従事した場合、多くの面で企業の仕事を巧みにこなすことが分かっている。まず、軍人にとっての仕事は敵との戦いに勝利を得ることである。

そのためには、「情報収集力」、「強靭な体力と精神力」、軍事活動における「危機管理術」、「安全保障感覚」、「訓練と演習」、「兵棋(へいぎ)演習」、「兵站」などをバランスよく持って活用していかなければならない。

「強靭な体力」は言うまでもないが、軍事活動における「危機管理術」は軍事上の日常業務をスムーズに行うために必要な行動原理である。次の「安全保障感覚」は、情報に基づく戦略上の立案であり、新製品の開発に繋がる。また「演習」や「兵棋演習」は、戦場におけるマイナス面の洗い出しに役に立つ。そして指揮官が最大限注意することは、「数字」の把握である。兵員数、士官の数、下士官数、銃砲の数量、食糧の数、医薬品の数量など、部隊を運用する上で不可欠なものだからである。すなわち「兵站」の存在は戦闘行動の継続を示唆したり、金銭面における軍事支援の状況を知ることに役立つ。

さらに「情報収集力」は、新たな軍事戦略の立案に繋がると同時に、新兵器の開発と科学技術の重視にも繋がる。同時にスパイの防止にも役立つとともに、佐官以上の者にとっては新たな「戦略」を立案する元にもなる。

欧米の経営者や中間管理職には、2~3年の軍隊経験のある者が多いが、経営者の場合には戦略的思考を持って経営に従事している者が多い。中間管理職者には下士官経験者が多いので、危機管理知識が豊富である。

ところが、日本は大東亜戦争で惨めな敗北を喫すると、国家・国民を挙げて「軍事忌避」へと邁進していった。武器を汚らわしいとみたり、自衛隊基地に反対デモをかけたり、軍隊や軍事に繋がるものを一切否定する風潮が醸成されていった。だが、前述したように、軍事に関わる事象・事物は、全てマイナスなのではなく、生活や経済活動などにとって、「数」の認識をはじめ重要なものが多数あるのである。

現在の日本経済が30年以上にもわたって、停滞を続けている理由の一端は、旧軍の関係者がいなくなった１９８０年以降、軍事から得られる危機管理・情報収集・戦略的思考などが欠落してしまったからであろう。さらに重要なことは、日本の企業経営者は経済活動の中から得られる「数字」を、徹底的に分析することを怠っていることである。経営陣、社員数、原材料費、商品数、物流経費、宣伝費、ライバル企業など、あらゆる数字に関する分析を徹底的に行う必要がある。そうすることによってビジネスモデルを生み出すことができるからである。

実際、米国の企業経営者は、戦前も戦後も、「数字」というものに徹底的にこだわって、ビジネスモデルを作り上げているのである。

戦争を繰り返した大陸諸国の人々は安全保障と危機管理、数字感覚が鋭い

結局、１８８０年時点での米国に、世界一と言える「企業王」を各業界に出現させたり、日本を世界的経済国家に押し上げたのは、軍隊経験の中で安全保障や危機管理感覚に優れた労働

者たちが、どの職種の企業にも大勢いて真面目に勤務していたためと、戦略的思考に優れた経営陣のお陰であった。

こうした労働者たちが、会社の日々の業務に現れる各種の「日常リスク」に、いかに対処するかについて、米国の保険会社社員であったウイリャム・ハインリッヒが新たな法則を見出した。彼は「ハインリッヒの法則（Heinrich's Law）」を考案したが、これは「ヒヤリ・ハットの法則」とも言われ、経営戦略や業務改善などに大いに役立っている。

この法則は製造業のみならず、軍隊、役所、金融業、一般ビジネス、鉱工業、農漁業、医薬品業、教育、販売、サービス業など、およそ大きな組織を持つ業種に適応する法則と言ってもよいであろう。しかもハインリッヒは説明していないが、「数字」への着目が欧米人には当然のこととして認識されているのである。

一方、日本人は「危険や危機」に対する認識が極めて薄い民族なのである。ハインリッヒの言う法則など、考えも及ばなかったのは無理もないのである。このため、明治時代から始まる日本の対外戦争は、情報収集と分析、戦略、戦術、攻撃、占領などの項目はあるが、謀略や殺戮という分野は欠けている、というよりも日本人は「残虐」や「謀略」という行為には入っていけない平和な民族なのである。

2　20世紀末、《軍事革命》が米国経済を加速させた

1　湾岸戦争が米国経済を急上昇させた

湾岸戦争がＧＡＦＡの誕生を促す

軍事革命（ＲＭＡ：Revolution in Military Affairs）という用語は、１９８０年代中頃から急速に進展を始めた軍事面での技術革新のことである。この時期、インターネット技術が急速に発展を始めたことでパソコンも急拡大したが、特に情報通信・衛星技術の向上によって最も早く影響を受けたのが軍事面であった。

それは、「ネットワーク・セントリック・ウォーフェア（ＮＣＷ：Network Centric Warfare）」という言葉で表されるように、**【センサー機能、意思決定機能、攻撃機能】**を集約したものであった。米軍ではこれを「軍事革命（ＲＭＡ）」と呼んでいる。

そしてNCWを具現したのが、1991年に起きた「湾岸戦争」であった。従来の国家間の戦争は数年もかかることが多かった。第一次世界大戦、第二次世界大戦などは終結まで5~6年も要した。ベトナム戦争は10年間、1980年に始まったイラン・イラク戦争は8年間も続いている。

ところが、1991年にイラクに進撃した米軍を主力とする多国籍軍は、イラク軍の抵抗をそれほど受けることなく、1カ月でバクダードを占領し、戦争を終了させてしまった。わずかにイラク軍から攻撃を受けたのは、狙撃兵による単発攻撃だけであった。

2001年に起きた9・11事件のあとに発生したアフガン戦争やイラク戦争においても、米軍は1カ月で勝利をものにしている。それは、米軍が開戦と同時に軍事革命となる「指揮、統制、コミュニケーション、コンピュータ、インフォメーション、探知、監視(C4IS&R:Command, Control, Communication, Computer, Information, Surveillance & Reconnaissance)」技術を敵軍に対して徹底的に応用したからである。

つまり米軍は、イラク軍のレーダー網、アンテナ網、インターネットを使っての連絡・通信網、電気をはじめとするあらゆるインフラ装置を、軍事攻撃の前に徹底的に空爆によって破壊し、機能不全にしてしまったのである。このため、イラク軍は、司令官から部隊への命令も、指揮官からのミサイル発射の命令もできなかった。

重要なことは、米国企業経営者たちは、この軍事革命に目をつけたことである。すなわち、彼らは、「情報通信」が次代の経済・経営の中心になると見抜いて、新たな情報産業を立ち上げた。それがマイクロソフトをはじめとする、ＧＡＦＡ（ガーファ）と言われる新興企業であった。

ＧＡＦＡとは、グーグル社、アップル社、フェイスブック社、アマゾン社の頭文字を繋げた呼称であるが、いずれも湾岸戦争後に台頭してきた情報通信産業である。その急成長ぶりは、例えばアップル社における２０２３年６月時点での時価総額３億ドル（４３０兆円）を見れば明らかである。日本企業の中で最高の時価総額を誇るトヨタ社でも、同じ年度の時価総額は37兆６０００億円なのである。

21世紀の米国経済がとてつもなく強いわけ

ＧＡＦＡと言われる新たな情報産業の誕生は、たちまちのうちに金融業とインターネットを結びつけるとともに、大幅な発展を促した。湾岸戦争を終えた時期の米国経済は、日本経済の追い上げにあって、青息吐息の状態にあった。米国は、なぜ日本経済が３年毎に躍進をして米国経済に迫る勢いがあるのかを分析した結果、その最大のわけが「貿易体制」にあることに気がついた。すなわち、第二次世界大戦後から世界の貿易体制は、「保護貿易体制」となっており、自国産業を保護するために、外国製品に高い関税をかけて自国製品を守ってきた。

しかしながら、何としても自国製品を販売したい日本企業は、高い関税をかけられても大量に販売できれば利益は上がるとして、価格を安くして大量かつ集中的に輸出を行ってきた。特に、日本は米国に衣料品などを集中的に輸出してきたが、その結果、米国の衣料品メーカーは1970年代初頭から次々と倒産に追い込まれていった。

このため、1970年代から1980年代にかけて日米政府間では、何度も経済・貿易問題が話し合われたが、解決を見ることなく経過していった。そうした中で、湾岸戦争が勃発したが、ベンチャーによるインターネットの活用による情報産業が立ち上がり、少数株主に限定されている未上場会社が新たに証券取引所に株式を上場し、一般投資家に向けて売り出した。

これをみた米政府は、情報産業を国家の総力を挙げて「先端戦略産業」の育成に向けて法整備などを行うとともに、経営者たちも優秀な人材を抜擢したり発掘するなどしていった。同時に、米国政府は、国際貿易体制を「自由貿易体制」とするべく国際社会に働きかけ、「自由貿易協定(FTA)」を締結するに至り、その結果、日本には大量の外資が参入し始めたのが1990年以降である。この時を境にして、日本企業は長期の低迷期に入って、今日に至っている。

日本では「軍事」を軽視したツケが続く

もっとも湾岸戦争終了後、米軍は軍事占領したイラクやアフガニスタンで自爆テロ攻撃に悩まされ、戦争での被害よりもテロ攻撃による犠牲者の「数」が急速に拡大し、大問題となった。自爆テロは、個人が銃や爆弾を抱えて兵士や民間人を襲うもので、組織として行うものではないので対応が難しい。

ただ、米軍は、こうした自爆テロに対応する手段としてAIとセンサーを使った「ロボット兵」や「ロボット犬」の開発で対応してきている。

筆者が言いたいのは、正規の軍事力では自爆テロを防ぐことができないとなったら、自爆テロに対応できるロボット兵やロボット犬などを新たに作って投入するという「対応力」である。米軍は現場に応じた対応を素早くすることで、危険や危機を回避しようとする「対応改革」を素早く行う国である。

これからの社会は、ますます情報とDUT（汎用技術）に基づく製品やビジネスが主流をなすので、企業経営者は数字と理系技術に特に注目しておく必要があるのだが、当時の日本企業の経営者は、軍事革命の本質を見逃した結果、情報化にとって不可欠な「半導体」事業を「発展なし」として海外に売却したり、撤退したりしてしまった。

同じことは、小中高大学の教育分野についても言える。日本では理系の得意な子供と文系の子供を分けて教育するケースが多い。大学では完全に理系と文系の学部に分けている。だが21世紀社会での仕事は、誰でも理系と文系の知識がなければ仕事をこなせなくなるのである。教育の問題については後述する。

さて、日本人経営者はなぜ「軍事革命」を理解できなかったかと言えば、「軍隊不要、軍隊忌避、兵器不要、兵器忌避」の考えで、あくまでも平和が大事の経営を行っていたからである。

ところが兵器にも使用される半導体がなければ、21世紀の新たな産業など起こすことができない。情報通信産業にしても製造業にしても、最先端の武器やロボット、宇宙開発に使用される部品などは、今後数十年間は、半導体を使用しなければならないのである。

要するに1990年代からの日本経済は、官僚にしても企業経営者にしても軍事技術から見える情報・通信技術や、システムを構成する技術の発展動向が全く見えなかったのである。

米国企業の経営陣には多数の退役高級軍人が入っているが、彼らは押しなべて軍事と科学技術と数字に通暁（つうぎょう）している。だが、日本の大手企業経営者や経営陣は、軍事技術の知識や理系知識をものにしている人は極めて少ない。経営陣の多くは文系の人たちで、理系の人たちに対しては、工場がスムーズに動いてくれればOKという程度の感覚である。つまり数字や数学的知識に疎い経営者が多いということである。

湾岸戦争後、米国経済界では「軍事革命」に続く「情報革命」が、新たな情報産業を次々と生むことになったが、これを模倣したのが中国の産業界で、ファーウェイをはじめバイドゥ、アリババ、テンセントなどが、2000年を過ぎる頃から次々と台頭してきた。いずれも米国企業から技術を窃取したものが多いと言われるが、重要なことは彼ら中国人経営者も、若い時に人民解放軍で兵役勤務をした経験を持っていることである。いかに情報通信と軍事知識が経済産業にとって重要かを見抜く目を持っていたのである。

2 軍事と情報技術に投資を続ける米政府と経済界

会社パワーとは

2000年頃であるが、筆者は(財)DRCを通して、日米企業の人事部に対し、なぜ退役軍人を雇用するのか、なぜ雇用しないのかなどを中心としたアンケート調査とインタビュー等を、大・中・企業100社を対象に実施したことがあった。米企業などでの調査やインタビューなどは筆者が主に行った。

最も重要な質問は、「米国企業はなぜ、自社の商品や製品などの知識のない退役軍人を中途から積極的に雇用するのか、軍人に対する経営者の哲学とは何か」などであったが、インタビューなどを通して分かったことは以下の点であった。

まずは「会社パワー」の重点をどこに置くかという設問である。会社パワーの源は、「人(社員)、物（建物・工場)、金（資金)」であるが、米国経営者は、「ヒト、モノ、カネ」という会社パワーの80％を利潤追求に充て、残りの20％を経営戦略と危機管理に充てていることが分かった。その結果、会社の利潤は100％ほどとなって経営状態は安定している。

特に重要なのはヒトである。米国企業は日本で言うところの生え抜きとなる新卒者には興味がない。それよりも、数字に強く、危機管理能力と戦略的思考のできる人物を中途採用している。

つまり、他社に勤務して経営管理技術などを習得している者や、各地でアルバイトを経験しながら、成功や失敗、情報の重要性などを体験した者、あるいは軍隊などで3年ほどの経験を持つ者を雇用している。

これに対して日本の経営者は、会社パワーの97％を利潤追求に充て、3％を危機管理に充てていることが分かった。高校や大学の新卒者を大量に雇用して、会社への忠誠心を育成することに力点を置くことが最初の業務である。その次が危機管理に関する教育である。この場合の危機管理とは、警備員を雇って会社の正門と裏門に配置し、夜間の見回りをさせること。事故や事件があった場合の対応としては、社員にマニュアルを配って対応させればいいという認識であった。

その結果、日本企業の利潤は時に120％以上になって、瞬間的に大きな利益を手に入れる時もあるが、毎日のように企業を襲う「日常リスク」や、時々発生する「非常リスク」を見逃していたために、利益は平均すると70％ほどに収縮してしまう。

さらに、経営陣の経営方針は、数字に基づいて厳しく分析していない場合がほとんどで、現状を維持していればいいくらいの認識しかなかった。特に1990年以降の自由貿易体制になってからは、オーナー社長からサラリーマン社長が多くなったこともあって、冒険ともなり兼ねない新たな投資を控える経営者が多くなった。このことは2021年時点で、日本企業全体の社内留保金が460兆円にも達していることからも理解できよう。

それゆえ、経営上の失敗や外部からのマイナス要因が発生すると、危機的状況に陥り、企業利潤はたちまち50％程度に落ち込むこともしばしばで、時には他社に吸収される事態に至ることもある。要するに会社パワーは極めて不安定と言っていいのである。

これに対して米企業経営者は、常に数字に基づいた経営分析を行い、実際の経営には退役軍人を雇用して管理部門の長としたり、佐官で退役した者を経営陣に加えて、経営における戦略的思考を引き出すことに努めていたのである。さらに、若者が立ち上げるベンチャービジネスにも、積極的なサポートを行って自社ビジネスを拡大しようとする積極性がある。

米国が国防費の増額を常に認めるわけ

日本には「企業はヒトなり」という言葉はあるが、これを生かしているのは実は米国企業ではなかろうか。

なぜなら管理職ともなると、知識や経験以上に現場対処の知恵（危機管理）が必要であり、経営陣ともなると独創力に基づく「戦略的思考」が不可欠だからである。日本のように、同じ業種の中で、年功序列によって昇任してきた幹部社員だけでは、厳しい国際化や情報化の世界で生き残ることは難しいのである。

米国企業の場合、経営戦略部門と危機管理部門は経営陣に直結しており、社長以下重役や中間管理層も危機管理に携わるシステムであるから、退役軍人の佐官や下士官を企業経営内の戦略的部門と危機管理部門に配置することはもちろん、これらに直結する開発や製造、あるいは営業や広報部門の管理責任者として雇用するが、彼らはいずれも中途採用である。

さらに、米国経済界に対して常に科学技術への投資を進める環境がある。それはペンタゴンが新たな兵器の開発を求めるために、米企業に対して軍事や最新兵器に結びつく可能性のある企業のR＆D（研究・開発）に対して、補助金を出す制度を設けていることである。

この制度は、1957年にソ連が世界で初めて人工衛星を打ち上げて、米国にショックを与えたことを契機として、米国は科学技術の重要性に目覚めた。その結果、企業が新製品開拓のためにR＆Dを行う際に、基礎研究の段階で兵器としても応用できる研究に対しては、補助金を与える制度を立ち上げたのである。

日本では2014年になって、ペンタゴンを真似て、それまでの武器輸出禁止政策を改めるとともに、防衛装備庁の研究開発にも大学が参加できる制度を取り入れた。しかし、第二次世界大戦の敗戦から70年間というもの「武器技術」などは禁句となってきたため、参加する大学は極めて少なく、参加をすれば世間から批判を浴びる状況にある。

ところが、米国企業経営者は武器技術に限らず、大学を出たばかりの若者が立ち上げるベンチャーを、鵜（う）の目鷹（たか）の目でチェックしていて、興味あるベンチャーを見つけるとただちに援助する体質があり、株式上場まで支援する場合もある。

戦後の科学技術は、民事にも軍事にも利用できる「デュアル・ユーステクノロジー（両用技術）」なのである。米企業にとっては、金のかかる基礎研究に米政府が支援してくれるので、新たな技術への挑戦を次々と始めていった。

当然ながら、米国の軍事費は一挙に高額化したが、その結果は米国経済を刺激し、経済効果も大きく拡大したため、国民は軍事費の増強に異議を唱えることはなかった。このことは、1960年代から毎年のように、ペンタゴンから米議会に提出する「国防報告書」の「初言」において、米政府はペンタゴンが進める科学技術費を、決して削減しないよう毎年求めていることからも明らかである。

要するに、米国はスプートニクの敗北から1年で、国と民間を挙げて科学技術の研究開発に全力投入し始めたのである。

ペンタゴンの技術開発比率は〈民需技術〉6：〈兵器技術〉1

重要なことは、現代のハイテク兵器は、開発の初期段階から兵器専用としてスタートするのではない。いわゆる「基礎研究」から始めるわけだが、ここで成果が出ると初めて応用研究として、兵器として利用できる道が開かれるが、同時に民生品としても利用できる分野も出

米空軍工科大学が指摘するDUT

材料分野	超電動、マイクロエレクトロニクス回路、複合材料
製造法分野	機械知能とロボット工学
情報通信分野	ソフトウエアの生産性、フォトニクス、データ融合、信号処理、パッシブセンサー、高感度レーダー、シミュレーションとモデリング、数値流体力学
バイオテクノロジーと生命科学	材料とプロセス
航空と地表輸送分野	空気吸入式推進
エネルギーと環境分野	エネルギー技術
軍事技術分野	**超高速弾、パルスパワー、兵器システム環境**

てくる。それが「両用技術（DUT：Dual Use Technology）」である。両用とは、兵器としても利用できるし、民生品としても利用できるという「両用」を意味している。

事実、1990年代にペンタゴンが空軍工科大学に対して、21世紀の国家にとって、またペンタゴンにとって、さらに商務省にとって研究開発しなければならない各種技術の調査を依頼したことがあった。その結果、空軍工科大学の教授たちは、ペンタゴンに対しては、「クリティカル・テクノロジー（重要技術）」として7つの分野を発表した。

上の表は、空軍工科大学がペンタゴンに対して、技術開発を進める必要のある技術として21項目を挙げたものであるが、〔軍事技術〕としてはじめから軍がR&D（研究開発）を進める分野として挙げたのは太字で示した3つだけで、残りの18は民生分野であった。つまり、民生技術開発を「6」とすると、軍事技術開発は「1」であった。

当然ながら、民生に関わる技術は、民間企業が担当することになるわけであるから、ペンタゴンから希望する民間企業に話が持っていかれることになる。このことから読み取れるのは、軍事の世界でも、軍事技術以外のハイテクが求められていること。そして21世紀は宇宙時代、サイバー時代、そして電磁波、量子コンピュータというハイテクの時代となることを示唆している。

事実、米国バイデン政権は、巨額の科学技術への投資を議会に提唱し、議会を通過している（2021年6月）。もちろん、これは中国とロシアを意識しての技術政策でもあると思うが、1957年のソ連による人工衛星打ち上げで、ショックを受けた米国人の科学技術への投資意欲は極めて強い。要するに、米国は国家を挙げて産業育成を図っているといえよう。

この先端技術への欲求は、1300年代にゲルマン民族による「鉄砲」の発明以来、白人たちは未知の世界への挑戦欲求を芽生えさせ、新たな技術開発への挑戦や未知の世界（大自然・宇宙・領土・海洋・兵器・細菌など）への征服欲を発展させていった。

一方、中国では２０１７年に「中央軍民融合発展委員会」を立ち上げて、「ＤＵＴ：両用技術」の開発に全力を投じている。中国人の言う軍民融合とは、最先端にある民間のハイテクを軍事に転用させるという意味で、中国軍のハイテク化を進めるためのものである。

一方、日本企業の場合、多くは危機管理部門や研究・開発部門が経営トップとは結びついていない。なぜなら企業経営者は、危機管理部門は直接会社に利益をもたらす部門ではないと考えているし、研究・開発部門はただちに利益をもたらすわけではないと考えているからである。

それゆえ、米国や中国には、なぜ急速に情報産業が現れ、急速に発展したかの分析などが行われていなかった。日本企業経営者たちは、米国では「なぜか全く新しい情報産業が立ち上がった」とする認識だけでＧＡＦＡを見ていたのである。

軍隊経験者は、科学技術と戦略的思考、そして数字の意味を知っている

米国企業経営者は、軍人出身者が企業の商品・製品知識や販売手法を知らなくても、経済情報に基づく戦略的思考や危機管理知識さえあれば全く問題ないと考えて、積極的に雇用している。

軍隊や軍人は、危険や危機と隣り合わせの職業である。その結果、戦術面においても戦略面においても、その持てる情報力と対応力、そして独創力を発揮して危険や危機を回避する。つ

まりペーパーテストで好成績を収めても、そのことが独創性や個人的能力を発揮するわけではないことを、米経営者は十分に心得ているのである。

軍人は現状を変える対応の戦術と対応戦略を常に考えていることが、経営者となった場合にも同じ発想を持つところが、日本人経営者と異なるところである。軍隊はいつライバルから奇襲攻撃を受けるか分からないため、奇襲（新たな発想）に対する準備を心がけている。そのために入手する情報と数字を分析した上で、それらに対応できる方策を何種類も考える性質がある。

軍人は戦略的思考も持つが、同時に現場を重視する現実主義者でもあるから、数字に基づいた企画書に欠陥があれば、主観的立場から企画書の修正を求めて経営陣を説得する。

また軍隊が重要視する行動原理は、「迅速性」、「命令への絶対服従性」、「秘匿性」であるが、これは企業が他社に先駆けて新製品を開発・生産・販売する過程においても求められる鉄則である。軍務経験者にとって、こうした原理を企業経営に生かすことは当然のことである。

こうした原理を持つ米国の経営陣は、企業の将来や現状打破のプランを練る場合、情報と数字に基づいて「大戦略」を立て、それを達成するための「経済戦略」を作った上で、実施のための「作戦戦略」を立案し、これを実行するための経営上の「戦術」を細部にわたってプラン作りをする。

また、作戦を遂行する上において、「情報」と「技術」的側面も常に考慮して危機管理を徹底して経営を進めていくのを常套手段としている。

なぜ、軍人(自衛官)が危機管理に優れているかというと、彼らが最も重視するのが「情報」と「数字」だからである。情報を得ることによって対処すべき方策がただちに頭脳を駆け巡り、手と足が動くようにできている。

こうした情報と数字を重視することによって、危険・危機を即探知してリスク回避の行動を取っている。例えば、陸自の駐屯地などでは数千人が駐屯地内で生活をし、護衛艦では数百人が勤務しているが、倉庫火災、ガス爆発事故、集団食中毒、衝突事故、感染症の発生、気象急変による事故など、企業や民間でしばしば発生・遭遇するような事故の拡大はめったに起こることはない。

では、企業が対処しなければならない経営上の「非常リスク」にはいかなるものがあるかといえば、主なものだけでも10以上はある。それらは、①経営上のリスク、②法務上のリスク、③財務上のリスク、④労務上のリスク、⑤施設・管理上のリスク、⑥技術上のリスク、⑦市場変化のリスク、⑧社外からのリスク、⑨情報上のリスク、⑩海外からのリスク、⑪退職者によるリスクなどである。

こうした「リスク」は、経営以外の組織においても、時には個人においても形を変えて発生するものである。学校や病院といったような大きな組織においても、こうしたリスクは常に存在しているといっていいであろう。しかも、こうした国内の組織におけるリスクのみならず、1980年代に入ると中国からの日本企業への蚕食（さんしょく）がシロアリの如く、目に見えない箇所でジワジワと始まったのである。

3 日本経済が30年間沈滞し続けているわけ

1 労働生産性が極端に低い日本

1989年まで順調だった日本経済

日本は1945年に、第二次世界大戦で大敗北を喫した結果、国家も産業も荒廃し、国民はその日の糧さえない悲惨な状況に追い込まれていた。それが、1950年に発生した朝鮮戦争での特需をきっかけとして、経済は甦り始め、1955年頃から少しずつ経済成長を始めた。

戦後の日本経済を成長させた要因の第1は、原料を輸入して製品を作り、それを輸出して外貨を稼がねばならない日本にとって、「保護貿易主義」が1980年代まで続けることができたこと。

第2の要因は、エネルギー資源としての「石油」や「鉱物資源」が、極めて安価に入手できたこと。

第3の要因は、大東亜戦争から復帰してきた召集兵たちは大中小企業に就職したが、生活の糧を得るために懸命に働いたことと、いずれも軍隊時代に培った「危機管理」の能力を、企業活動に生かしたことで企業収益に大いに貢献したこと。

第4の要因は、経済が好調の波に乗って消費者意欲も増大し続け、いわゆる「三種の神器」なる新たな製品が次々と開発され、国内のみならず保護貿易体制の中で、海外市場にも大きく販売されたこと。

第5の要因は、企業経営者が積極的に新たな技術に投資をしていったこと。つまり、失敗を恐れず、設備投資を積極的に行っていったといえるのである。海外の高層建築物、港湾設備、空港設備、高速道路・橋梁建設、鉄道建設などを、時には政府と一体となって行ってきた。

第6の要因は、国家の防衛を米国に任せたことで、高額兵器の購入を抑える一方、同盟軍として米軍と共同で海外軍事行動を取る必要のない「安保条約」に助けられてきたことである。

その結果、1960年代に入ると日本企業は急成長を始め、1970年代はじめには世界第2位の経済大国へと伸し上がり、1980年代末まで他国産業を寄せつけないほどの経済成長をみせた。だが、同時に「慢心と油断」が芽生え、さらに中国や韓国から大東亜戦争に対する「贖罪意識」（しょくざい）を突かれると、諸々のハイテクをいとも簡単に教えたり、漏らしてしまった。

自由貿易体制のショックで設備投資から逃げた経済界

１９９０年代に入ると、グローバリズムが世界的動向となった結果、海外から多数の外資が国内に入ったことで、企業経営は一挙に苦境に立たされることとなった。

自由貿易体制になると、それまで外資から完全に保護されてきた銀行・保険・証券をはじめ、あらゆる産業が日本市場に入ってきたが、その価格も日本よりも安価な商品が多かったため、日本の産業界をはじめとする諸々の企業が、危機的状況に追い込まれていった。

さらに、世界貿易体制の一八〇度転換に驚いたのが、財務省であり経済問題の解説を得意としていたマスコミ（日本経済新聞など）で、一気に「金融引き締め政策」へと打って出た。すなわち、１ドル１５０円近かった円安に急ブレーキをかけたことで、日本経済は円高のために輸出がストップし始め、景気は急激に冷え込み始めた。企業は設備投資を避けるように臆病となった結果、日本経済が順次縮小を始めたのが１９９０年代の中頃であった。

特に、自由化によって大量の外資とともに、外国製の安価な製品・商品がどっと入ってきたことに企業経営者たちは驚き、安価な製品・商品に対抗するために、中国の安い労働賃金に活路を見出して、一斉に中国へと産業基盤を移してしまった。

職業別で見ると、労働生産性の低い業種は、食料品、金属製品、輸送用機械、運輸業、郵便

世界の企業	研究費	対売上高（%）
アルファベット（米）	27867	12.3
メタ（米）	21768	20.9
マイクロソフト（米）	21642	12.4
ファーウエイ（中）	19534	16.0
アップル（米）	19348	6.0
サムスン電子（韓）	16813	8.1

日本企業	研究費	対売上高（%）
トヨタ自動車	8691	3.6
ホンダ	6373	5.7
NTT	5732	6.1
ソニー	4902	6.4
武田薬品工業	4065	14.7
デンソー	3846	9.0

「2022年、EU Industrial R & D Investment Scoreboard」より

業、小売業、サービス業などではないかと思われる。

だが、この中国への産業移転は、3つのマイナス効果を日本にもたらしたのである。

第1に押し寄せる外資から身を守るために、新たな設備投資を控え、少しでも預金を増やし研究員や従業員の昇給やボーナスなどは極端に抑えられていった。

第2に、新たな製品・商品の開発に臆病となっていたことで、新製品開拓のための「研究・開発」を控えてしまった。

第3に、中国や韓国などに産業を移転したが、技術を徹底的に盗まれて安価な製品として輸出されたために、国際市場を失い外貨も喪失していった。

日本企業だけでなく国家や大学等も、伝統的に「研究・開発費」を重視していない体質があるため、自由貿易体制に変わって30年以上経つ現在でも、日本の官民が研究・開発費に投入する資金は、欧米諸国に比べると、極めて低い額を維持している。

一方、2024年現在における円の対ドル為替レートは150円を突破している。そのこと自体は製品輸出を大幅に拡大するため、外貨の獲得に貢献するのは確かであるが、逆に石油や各種鉱物そして食糧資源などの輸入は円安のために、せっかく得た外貨はどんどん海外に出ていってしまうので、産業界全体を含めた日本経済は極めて弱くなっている。

しかも製品輸出が促進されるといっても、すでに日本の技術を盗み取って生産された中国や韓国の製品の方が安価なため、輸出競争においても苦境に立たされており、円安の効果はない。その証拠に国家のGDPはドイツに抜かれて第4位に後退し、個人のGDPも韓国に抜かれる状態になっている。その原因の1つは、「労働生産性」が極めて低いことにもある。

なぜ、日本の労働生産性は低いのか

2019年にOECD（経済協力開発機構）が発表した「労働生産性」の比較によれば、生産性の1位はアイルランドで、労働時間当たりのGDPは215・9ドルを稼いでいる。日本は、

2023年度の貿易

国名	輸出額	輸入額
米国	2兆643億ドル	3兆3758億ドル
中国	3兆5935億ドル	2兆7162億ドル
ドイツ	1兆6576億ドル	1兆5708億ドル
オランダ	9667億ドル	8983億ドル
日本	7469億ドル	8972億ドル

1980年度から2019年度までの39年間にわたって労働時間当たりのGDPは37カ国中20位、2021年度は27位。時間当たりのGDPは100ドルしか稼いでいない。

さらに2020年にスイスの経済研究所（IMD）が発表した「国際競争力ランキング」によると、日本の総合順位は34位となっている。1980年代の日本の世界競争力は5位前後であったものが、20数年後の2012年には27位に転落していたが、その後も下降を続け、比較可能な1997年以降では過去最低となる30位に落ち込んでいる。

一方、国際通貨基金（IMF）が2023年の予測を発表したが、日本の名目GDPは4兆2308億ドル（約640兆円）で4位、1位の米国は26兆9496億ドル、2位の中国は17兆7009億ドル、3位のドイツが4兆4298億ドルである。

なぜ、日本はこれほど落ち込んだのであろうか。経済成長を示す「GDP」では、2021年度の日本は世界第3位であるが、「労働生産性」では、相変わらず27位に低迷している。

労働生産性とは、「労働投入量1単位当たりの産出量・産出額として表され、労働者一人当たり、あるいは労働時間当たりでどれだけ成果を生み出すかを示すもの」である。もっと分かりやすく言えば、労働者1人当たり、または1時間当たりどのくらいの経済的成果を生み出すのかを測る指標のことである。簡単に言うと、欧米では1つの仕事に対して、1人が当たるのに対して、日本では1つの仕事に1・5人が当たっていることになる。

例えば、日欧労働者の年間当たりの労働時間は、日本人労働者が1680時間を費やしているのに対して、欧州の労働者は1330時間しか費やしていない。また日本の労働生産性は、米国の6割程度しかない。日本人労働者は欧米の労働者に比べて、無駄が多いということである。それゆえに、残業をせざるを得ない状況がしばしば発生すると考えられる。

この労働生産性が低いのは、日本人の文化や体質からきているもので、簡単には解決することは難しい。

労働生産性を高めるために「生成ＡＩ」や「ChatGPT」を活用せよ

今から30年前の大蔵省も2022年の財務省も、日本の労働生産性が低い原因として日本の

「産業構造」と「税制」が欧米と異なるからとしているが、30年間にもわたって生産性やGDPが低いことの原因とするのは間違いである。

日本の労働生産性が欧米に比べて極めて低い理由を列挙すれば、次のようになる。

①長時間労働の常態化、②業務の属人化、③デジタル化の遅れ、④給与体系が時間基準、⑤モチベーションの低下、⑥人件費の高騰化、1995年をピークに生産年齢人口（15～64歳）が減少を続けている、⑧就業者に占める中小企業の割合が高い、⑨産業界における中小企業の比重が高い、⑩人件費が高いため、労賃の安い中国に投資を続けてしまった。

それゆえ、日本が労働生産性を高めようとするならば、上記の10項目を克服すべく諸々の改善をしなければならない。

すなわち、自動化を進めて無駄な労働者の数を減らすことと、労働者自身の意識改革、経営者は新たな製品獲得のための研究開発と国内への設備投資の推進などである。

ただ、無駄な労働者の数を減らすことや、労働者の意識改革は、一朝一夕には解決することは難しい。すなわち、仕事の効率を高める上で必要なことは、「自動化」を進めることである。

そして、もう1つ重要なことは、国家や産業界が新たに投資すべき「大型産業分野」を、現在までのところ、見つけ出していないことである。また、たとえ見つけ出しても、国家にも企業サイドにも研究開発をする巨額資金が、簡単には見つからないことである。

だが、数年前から「生成ＡＩ」や「ChatGPT」の技術が発展してきた。日本の経済界にとってはまさに救世主的存在となっている。これはデータのパターンや関係を洗い出し、新しいコンテンツを生成することを目的とするＡＩであり、従来のＡＩとは異なって、その精度、学習量、スピード、使いやすさなどに優れている。またビジネスでは文章や画像、音声などのコンテンツを生成できるアプリケーションがたくさんあるので生産または発生させることができる。

その他にも、画像、動画、音楽、音声、テキスト、ソフトウエア・コード、高度な設計など、幅広い分野で活用ができる。このため、製薬業界、医療業界、メディア界、建築業界、エンジニアリング、自動車、宇宙、航空、軍事、エネルギー、エレクトロニクス、マーケティング、トレーニングなど多くの分野で利用できる。

特に、ChatGPTは、情報収集や分析のヒントをChatGPTから引き出すことができるので、ビジネス分野では欠かすことのできないツールである。現在では医薬品業界が生成ＡＩを使って、新たな薬品開発に利用をしている。あるいはまた、水素燃料の利用分野として水素ステーションや大型トラック、航空機などの水素燃料開発などにも利用され始めている。

ただし、プラス面だけでなく、犯罪などにも利用されるマイナス面もある。特に詐欺、騙し、恐喝、サイバーなどには多く利用されるので、今後の対応・対策なども徹底しておく必要があろう。

2 安全保障と情報に弱い日本

北朝鮮が弾道ミサイルを何度も発射できるわけ

ある調査によれば、国家全体（政府、企業、大学等）から60％以上の技術が窃取されているのが日本であり、米国は20％ほどであると言われている。理由は、米国にはスパイ防止法をはじめとする安全保障上の法律や、規制などがしっかりしているからである。日本企業はスパイ防止法などがなく技術漏洩や窃取に関して守られていないことが批判されているが、野党政治家はスパイ防止法の設置に反対している。

サイバー攻撃は、敵対国家または対象国家の国家機関、軍事機関はもとより、民間企業、研究所、大学、発電所、電力・ガス、鉄道、ダム、航空機、船舶といった社会インフラに対しても、常にサイバー攻撃が行われている。

各国のサイバー部隊

国名	態様
中国	サイバー攻撃部隊：３万人
北朝鮮	サイバー部隊：7000 人
米国	サイバー任務部隊：6200 人
ロシア	サイバー活動を担う部隊：3000 人
日本	サイバー防衛隊：1500 人

これまでに知られている被害は、2018年に中国の「APT10」が日本の民間企業や学術機関等に対して長期のサイバー攻撃をしているし、2021年には、中国のサイバー攻撃集団「61419部隊」が、傘下のハッカー集団「Tick」を使って、JAXA（宇宙航空研究開発機構）や国内の200以上の防衛関連組織に攻撃を仕掛けている。

また、北朝鮮が2005年頃から現在まで、毎年のように弾道ミサイルの発射実験を繰り返し、短距離、中距離、長距離の3種類の弾道ミサイルの実用化を図ってきた。だが、1発の弾道ミサイルを打ち上げるには、40～50億円の費用がかかる。ミサイルを何度も打ち上げるには年間数百億円も必要であるが、北朝鮮にはそれほどの経済的余裕はないはずである。

では、いかにしてこの膨大な費用を捻出しているのであろうか。答えは「ハッカー集団による他国企業へのテロ」による収益から得ているのである。2022年の一年間だけで、北朝鮮のハッカー集団が得た金額は、2300億円と言われている。これはノルウェーのハッカー捜査機関が数年をかけて追跡調査した結果、ノルウェー企業が北朝鮮ハッカー集団に奪われた資産から、9億円を回収することに成功したことで手口が明らかになったと発表している。

ノルウェーの捜査機関によれば、北朝鮮のサイバー部隊では7000人のハッカーが働いている。本部は北朝鮮であるが、北朝鮮と国交を保持している国などに支部を置いており、その国の情報を通して日米欧などにハッキングを仕掛けているという。これを防ぐには、国際的な連携を行なって北朝鮮のハッカー活動を阻止するしかない。北朝鮮では、優秀な子供たちをハッカーに育てるために、幼少時から訓練をし、科学技術専門大学まで経済的支援を行って育てていると言われている。

傍若無人の攻撃を日本に仕掛ける中国、ロシア、北朝鮮のサイバー集団

さらに中国の別のサイバー部隊である「APT40」が、2021年7月に多くの日本企業にサイバー攻撃を行っていたことも明らかとなっている。また2023年9月には、中国を背景とするサイバー集団「ブラックテック」が、日本の政府機関をはじめ日本企業に対してサイバー攻撃を行っている。

一方、北朝鮮は２０２２年10月に、同国が保有するサイバー部隊である「ラザルス」が、日本の暗号資産交換業者を標的にサイバー攻撃を仕掛けていることも判明した。

ところが、日本の場合は「専守防衛」を国是としているため、サイバー攻撃と認めても、これが「武力攻撃」と認定されるまで攻撃ができない。しかしながら現代の戦争では、ミサイルやロケット砲などを撃つ前に、サイバー戦や情報戦によって陸・海・空の軍事力を使わせずに勝利を得る方法が１９９１年の湾岸戦争以来、定着している。

２０２２年に岸田文雄政権は防衛費の増額を決定し、米国から迎撃用の「トマホークミサイル」を購入するとしているが、それよりもサイバーやＲＭＡ（軍事革命）が示したように、ネットを使ったサイバー戦や情報戦への対策をしっかり対応するべきなのである。ただ、それでも領域や経済水域を侵犯する軍事力が押し寄せた場合を想定して、「レーザー砲」を開発しておく必要がある。レーザー砲については後述する。

ただし、今現在でも日本の民間企業に対するサイバー攻撃が頻繁に行われており、しかも、やられっぱなしの状態が続いている。それゆえ、民間企業などは、自力でサイバー攻撃から防御できる組織を作り上げておかねばならない。

サイバー戦は軍事だけに利用されるわけではなく、外交、経済、教育、医療、犯罪にも利用される。使用者は国家機関とは限らず、私的団体でも個人でも高校生でも攻撃ができる厄介なものである。米国では、ペンタゴンを中心に、全ての省庁が参加して対サイバー演習を1997年から毎年実施し、2005年からは「国土安全保障省」も参加している。

2023年1月になって、米国が撃墜した中国の偵察気球や、日本にも2019年から青森や鹿児島、仙台上空に飛来した中国の気球は、電波などの収集を行っているが、その目的の1つはサイバー戦を仕掛けるための電波などの観測と収集である。

2023年8月に、日本の外務省公電が中国からのサイバー攻撃で情報漏洩が起きていたことを、米国の国家安全保障局（NSA）が日本政府に通知していたことをワシントン・ポスト紙が報じていた。

防衛省はサイバー部隊の人数を、2023年には現行の580人から1500人に増員するとしている。自衛隊ではその業務遂行の必要上、早い段階から情報関連の部局でサイバー防護の対策を行っている。24時間体制で中国・ロシア・北朝鮮などからのサイバー攻撃やインテリジェンス行動を阻止しており、その手口や対処方法を熟知しているといっていいだろう。日本企業は退官自衛官を雇用して、サイバー対策に充てるべきではなかろうか。

パソコン操作だけで大金が得られるハッカーたち

国際的なハッカー集団の「キルネット」は、親ロシアを標榜しており、2022年9月に、日本の4省庁や地下鉄などに対してサイバー攻撃を実施したと声明を発表した。利用者は、この攻撃によってシステムへのアクセスが制限されてしまうが、解除するには身代金を支払わねばならない。

もちろん、ランサムウエアだけでなく、戦場においても相手に偽情報を流すなど、情報を攪乱して攻撃目標を誤らせたり、作戦そのものをひっくり返すような誤情報を、作戦本部に送るなどしている。

また、中国やロシア、北朝鮮などは、サイバー攻撃だけでなく、人間を使っての技術摂取なども、しっかりと行っている。

2023年11月の新聞報道によれば、東欧のセルビアを拠点とするハッカー集団「ランサムド・ブイ・シー」が8月に活動を始め、すでに世界各国の120以上の企業や団体を攻撃し、400万ドル（約6億円）を稼いだとしている。事実、ソニーやNTTドコモがこのハッカー集団のターゲットにされたことも判明した。しかも、このハッカー集団の中には、複数の日本人も参加しているという情報もある。

こうしたハッカー集団の攻撃は、企業の本社ではなく本社と取引のある地方の関連企業をターゲットとする場合が多い。地方の企業はハッカー対策が未熟なため被害に遭いやすい。一方で、ハッカー対策を民間でも行おうとして、「ホワイトハッカー」なる組織ができつつある。これは民間企業が、ハッカー対策のための学校を立ち上げ、一般人を集めて月謝を取った上で、対ハッカー技術を教育する組織である。

3 民間の経済シンクタンクを活用せよ

経済界は民間の研究所（シンクタンク）をもっと活用すべきである

2023年秋頃から、日本の政界では（といっても自民党内での話であるが）、「派閥」の存在問題が大きく浮上し、2024年のはじめには安倍派、二階派をはじめとする派閥が解消されることとなり、政界を大きく揺るがした。安倍派や二階派に続いてその他の小派閥も派閥解消に踏み切り、派閥存続を決めている茂木派からも数人が離脱した。

一方、派閥解消を頑なに否定し、存続を強く主張しているのは麻生派だけとなった。会長の麻生太郎元首相は、今後も「政策集団」として存続するとの決意を述べている。

一方、日本の経済界の多くは、企業が次期主力開発を行うモノをいかに決めるのかに関しては、ワンマン体制下においてはワンマン社長のアイデアが通りやすく、重役会の力が強い場合は重役会議によって決定されていく傾向にある。もちろん、社内の研究開発陣による複数の提案が行われる中から、社長なり重役会議が選んでいくわけではあるが……。

つまり政界においても経済界においても、政策の決定は企業であれば自社の首脳陣、政界（自民党）であれば派閥が政策を打ち出している。ただし、企業や政界の首脳陣による政策の提案や決定は、いずれも日本社会だけを対象とした内容に陥りがちである。グローバリズムの進展する国際社会の中で、日本や日本人だけを対象とする「案」では、生き残りは難しいのではなかろうか。

一方、米国では政治にせよ経済にせよ、あるいは軍事問題にしても科学技術問題や医学問題等、あらゆる分野の問題に関して分野ごとの「戦略研究所」が多数存在している。例えばハドソン、ブルッキングス、カーネギーなどが有名である。

日本においても経済分野に関しては、野村総研、三菱総合研究所、みずほ情報総研、日本総研、大和総研などの大きな研究所がある。ただ、日本の場合、政治家は経済問題に関しては経済官僚に、外交問題は外務省にといった具合に、官僚からの意見や提案を受け入れて国家の政治・経済を行っている。つまり、日本にも政治問題や経済問題に対して専門的に研究している団体があるのだから、これらを政界や経済界はもっと活用すべきではなかろうか。

ただし、経済研究所にしても研究員は軍事や情報面における専門家はいないようであるから、自衛官で情報関係を扱っていた人たちを雇用した方がよいと思う。

また日本の大手シンクタンクは、これまでも情報産業の立ち上げを産業界にも呼びかけず、労賃の安い中国へ一斉に逃げた産業界にも警告を発せず、さらに新規投資の材料を企業に提示してこなかったなど、米国シンクタンクとは若干異なっている。

なぜ、長期的視点に欠けたのか

1990年代に入ってすぐ、戦後から続いてきた貿易制度が、自由貿易制度となったことで、大量の外資が日本に押し寄せ、経済界は大きなショックを受けた。しかし、多くの経営者が選択した道は、14億人の中国市場こそが自由貿易体制に対応できると考え、産業界も販売業界も一斉に中国に進出していった。

製品にしても商品の販売にしても、相手は途上国であるとみて、経営にはなんら力を入れることもなく、従来の方針で企業を運営すればいいと考えていた。それゆえ、社長にしても経営陣にしても自社の経営方針に対して、画期的な手段・方法などを考案する必要はなかった。そうなると、経営者や経営陣は自分が就任している期間を無事に乗り切ればいいので、新たな政策を興すなどの危険を冒す必要はなく、四半期の実績にこだわるだけとなっていった。

当然ながら産業界の経営者たちは、新たな投資はせず、資金は社内留保金として貯め込むだけとなっていった。実際、１９９０年代から２０２１年までに、日本企業が社内留保金として貯めた金額は４６０兆円にものぼったのである。１９９０年から２０２２年ぐらいまでは社員の給料が低く抑えられた。

つまり、経営者は新たなことを始める必要がなく、企業を安全・無事に進めればいいため、いわゆるサラリーマン社長が多くの企業で経営者として就任していった。そうなるとオーナー社長と異なって、いくつかの欠点が出て企業パワーを低下させていった。

すなわち、サラリーマン社長の欠点は、①四半期の実績にこだわる、②問題を先送りしがち、③短期志向に陥りやすい、④ことなかれ主義、⑤長期的視点に欠ける、⑥自己保身が強く信念がない、⑦決断力に欠けリーダーシップに欠ける等々。その結果、取り巻きやイエスマンが集まり、企業経営はマンネリ化する以上に、沈滞化していくことになった。

しかも、経済大国として進出したこともあって油断と慢心をし、中国人や韓国人を自分たちより低く見ていたので、要求もされていないのに、重要な機密技術であっても、手取り足取り教えてしまったのである。その結果、中国や韓国は、日本企業が進出してから数年を経ずして、日本が誇っていた鉄鋼・造船・自動車などの生産を追い抜いただけでなく、あらゆる産業技術をモノにしてしまったのである。

一方、米国での例を見ると、オーナー社長が高齢化のために引退をして、息子たちがいない場合、自社の中から有能な人物にあとを任せるが、適当な人材がいない場合は同業他社ではなく、異業種の中で業績を上げている人物を引き抜いて社長に据えるケースが往々にしてある。つまり発想力、決断力、リーダーシップなどに優れた人物を後継者とする方が、自社の発展に繋がると見ているからである。

4 縄文時代から続く技術力を生かせ

エジプトのピラミッドより1万年以上も前にピラミッドを建設した縄文人!?

エジプトでピラミッドの建設が始まる1万年以上前、広島県庄原市の「葦嶽山(あしたけやま)ピラミッド」は造られたといわれる。

葦嶽山は人工の石を積み上げて造られたものとの古文書を、1934(昭和9)年に酒井勝軍氏が読み解き、世界最古のピラミッドと認定したのである。青森で発見された「大石神(おおいしがみ)ピラミッド」も人工的に作られた山であるといわれている。

青森県の縄文遺跡「大平山元遺跡(おおだいやまもと)」は1万6000年以上前であることが、放射性年代測定によって確認された。

ピラミッドを建設するには、数学、幾何学、物理学、工学、建築学、地質学などの知識が不可欠であり、いかに縄文人が優れた人種であったかの証明にもなっている。

エジプト最古のピラミッドは、古王国第3王朝のジェゼル王のもので、紀元前2660年頃に建設された階段状のピラミッドで高さは60mである。その後、技術が進歩してクフ王のピラミッドは紀元前2500年頃（今から4500年前）に建設され、その高さは147mある。ただし、欧米人はもとより、中国人もアラブ人も、全て「遊牧民族」に分類されるが、彼らは「権力」や「力の誇示」を行う気質が極めて強い民族である。それゆえ、巨石を積み上げる方法が分かれば、いくらでも高さを競うことで力を誇示した。

結局、日本でピラミッドではないかとされる山は全国に9つほどあると言われるが、そのうちの1つである秋田県にある「黒又山」は、高さが280mあるが、麓から山頂まで7~10段の階層を持つピラミッドであることも分かっている。

武器を持たなかった縄文人の姿は、江戸時代の国学者に神道を復活させる

縄文人は弓矢、斧、剣、槍といった闘争のための武器を持とうとしなかった。1万数千年に及ぶ縄文時代の遺跡からは、こうした武器の類が一切見つかっていないのである。ただ弥生時代になって、大陸から渡って来る人々が武器を持って入ってきたことで、紀元後になると日本国内でも武器を使って、他部族を支配するようになった。

もっとも、縄文人の流れを汲む大和民族は、天照大神や大国主神を信じてきたが、飛鳥時代になって百済などから仏教が伝来すると、日本の神々（神道）や神社は完全に仏教に乗っ取ら

れてしまった。日本神道には「教義」がなかったからである。ないというよりは、平和に暮らす日本人に教義等は必要なかったからである。

さらに鎌倉時代頃からは儒教が入り始め、江戸時代初期には徳川幕府が儒学として、武士社会に取り入れたため、これも日本社会に根を下ろすこととなった。

しかし、江戸時代の中頃になって賀茂真淵や本居宣長などの国学者といわれる学者たちが、古事記を読み解いて、日本の神々が「仏教」や「儒学」に乗っ取られていることを指摘した。

さらに、平田篤胤（ひらたあつたね）は日本神道にも、仏教や儒教のように、あるいはキリスト教のように「教義」を持たせる必要ありとして、古事記や日本書記等を研究した挙句、神事とは「冥府」のことと喝破して「日本神道」の教義とした。

明治になって「廃仏毀釈」運動が出てきたのも、日本神道復活の流れでもあった。

縄文文明はいかにして世界各地に伝わったのか

そして重要なことは、縄文時代の草創期である今から1万8000年前の地球は、最後の氷河期の終わり頃に当たり、地球全体が現在の海面より140m低かったことが分かっていることである。それゆえ、当時は朝鮮半島や中国と九州の一部が、陸地続きであったことも地質学で証明されている。

つまり１４０ｍも低い海面であったから、今よりもはるかに多数の島々が顕われており、日本列島から西への大陸へも、また日本列島の東にあるグアム島や、それに続く南洋諸島までの地域には、小さな島々がたくさん出現していたことが分かっている。

さらに不思議なことは、縄文時代の土器類が東南アジアから西へは中東地域、東は太平洋を越えて南米ペルーなどで発見されていることである。

さらになぜ、そしていかにして、縄文人は海外へ渡ったのであろうかという疑問である。これも考古学者たちによると、今から1万４０００年ほど前、鹿児島県の南方、現在の屋久島や硫黄島付近にあった火山（アカホヤ山）が大噴火した。この噴火による大量の噴煙や火山灰が西日本一帯に降り注いだために、多くの西日本居住の縄文人が葦(あし)船に乗って、島伝いに南方から西方、さらに東方へと逃れていったと推測している。

縄文人は、そうした数々の小島を目指して「葦船」を漕いで渡ったり、あるいは歩いて近くにある島々や大陸へと渡っていったとも推測できるのである。

中南米にアジア系民族が居住するわけ

南方の島々へ渡った縄文人は、フィリピン、グアム等を経てニューギニアから南洋諸島へ、「葦船」を利用してメラネシア諸島、ポリネシア諸島などを経てペルーなどに到達し、中南米に足跡を残して文明を伝えたと考えられている。なぜならインカ文明以前のペルーで出土される土器が、縄文土器にそっくりだからである。

２０２３年に新たな古代の地下ピラミッドが、インドネシアで発見されたと科学メディア「Science Alert」が報じた。西ジャワの丘陵地帯にあり、ピラミッドを意味する「プンデン・ベルンダック」と呼ばれており、1万４０００年以上前に建設され、紀元前６０００年前には、さらに拡張作業が行われたとしている。おそらく、アカホヤ火山の爆発から逃れた縄文人の一部が、インドネシアに定着してピラミッドを建てたと考えられる。

一方、南北米大陸には、アジア系民族が先住民族として住んでいるが、このうち、メキシコからペルーにかけて、古代文明が栄えたことが知られている。すなわち、アステカ、マヤ、ティオティワカン、ティカルなどで、いずれも高さ30m以上ものピラミッドを建てて、神殿や王墓としている。

このように、アジア系民族の一部が、数万年前まで陸続きとなっていたベーリング海峡を越えて、北米大陸へ移動したと考えられている。だが、アラスカに渡ったアジア人は、雪と氷のために南下できずに極北地域に留まった。アラスカの下方に位置するカナダにも、米国西海岸をはじめとする米大陸全体にもアジア人の足跡はない。

ところが、メキシコからペルーまでの地域は、アジア系民族が多数居住している上に、マヤ、アステカ、ティオティワカン、ティカル文明等があり、いずれもピラミッドを建設している。しかしペルーで縄文土器が発見されている事実は、ピラミッド建設技術を持つ縄文人が南洋諸島経由で訪れたと考えれば納得がいくのである。

一方、西方への移動については、縄文人は中国大陸に渡ったあと、中東のメソポタミア地方まで進出していったと作家の小名木善行氏は論じている。

ロボットの源流は奈良時代に始まる

昭和時代のはじめになって、日本でも考古学が盛んになり、考古学者・相沢忠洋氏のように縄文時代や弥生時代に目を向ける学者が現れ始めた。ところが、大東亜戦争のために研究は中断されたばかりか、戦後は東京裁判に乗じて、GHQによる日本人に対する徹底的な貶(おとし)め政策が行われた。「日本人は民族としては最低」とする教育まで行われた結果、戦後の歴史教科書では、全て欧米人の歴史認識が正当化されてしまった。

だが、日本人はロボットの源流となる「からくり人形」の技術については、奈良時代の658（斉明天皇4）年にそのことの記述がある。すなわち「今昔物語」巻24に、『飛騨の工（たくみ）』が四方に扉がある堂を作り、いずれの扉の前に立っても目の前の扉は閉じて、違う場所の扉が開く仕掛けを作った」と記され、また桓武天皇の皇子高陽親王が、「からくり」人形を作ったとも記されている。

奈良時代の昔、人形は「依り代（よりしろ）」として神聖視され、この人形にからくり技術が結びつき、「糸を引っ張って動かす＝からくる→からくり」になったと言われている。

ただし、天平、飛鳥、奈良の時代には、「百済」をはじめとする朝鮮民族の一部が、日本に大量に流入し、「たたら製鉄」技術や農耕技術をはじめ、たくさんの技術を日本人に伝えたことも記録に残っているから、日本人の独創力だけででき上がったと自慢はできないかもしれない。ただし、日本の気候風土や社会・人情などによって、渡来人は日本人になっていったと考えられている。

ともあれ、現在の「からくり人形」の原型は、戦国時代、西洋から伝わった「時計」などに使われていた歯車やカムなどを応用して、からくり人形が作られ、忍者技術などにも取り入れられていった。当初は高級玩具として貴族や大名などの鑑賞用とされたが、やがて祭祀や縁日などで見世物として大衆の人気となった。

からくり人形のみならず、手先の細かな技術を必要とする宮大工をはじめ、家屋建築に必要な襖や障子、あるいは盆栽のような「小さくする技術」など、多くの日本人にからくり技術が広まっていった。

そして手先の器用な日本人は、伊勢神宮や出雲大社をはじめとする神社、仏閣・五重塔、城郭、大名屋敷、一般木造家屋などの建築技術をものにし、石材を大量に利用する大陸建設技術よりも、はるかに緻密(ちみつ)かつ柔軟性を持った頭脳と手先の動きを生み出した。

このことが日本人をしてロボット技術や精密機械等の技術に、抜群の技量を発揮させる要因となっていることは間違いない。日本人が小さく微妙かつ複雑な技術が得意なのも、縄文時代から続く「手の文化」が発達しているからといえよう。ちなみに「手」という漢字のつく文字、例えば取手、張り手、投手、野手、やり手、一手、王手などの言葉は、1000以上あると言われている。そして日本人が他の人種よりも技術力が備わった最大の理由は、日本が森林に囲まれ、木伐を利用して家屋を始めとする生活用品を作り続けてきたからである。欧州・中東・

中国では石の文化が主流を占めたが石は積み上げる時にのみ技術が必要だった為、細やかな技術が発達しなかったのである。

明治時代に、矢頭良一（やずりょういち）は、手動式の計算機を発明して1903年に「自動算盤」の特許を取って売り出した。この自動算盤は、陸軍省、内務省、国鉄などでも採用され、大いに売り出して利益を上げたが、彼自身は飛行船の制作に力を入れているうちに31歳で夭折した。彼の自動算盤は、算木や算盤の原理を、手廻し計算機に置き換えることで成功したのである。

ともあれ、21世紀の現代では、多くの分野で極小かつカラクリの延長に繋がる最先端技術が必要となっている。交通機関、物流関連、エネルギー関連、安全保障関連、宇宙・深海底分野、災害救助・防災分野、医療分野、建設分野などである。

以上、述べてきた縄文人と奈良・平安時代の技術力は、現代日本人のDNAにしっかりと刻まれているのである。しかも、日本には「エネルギー資源、鉱物資源、食糧資源」などが少ない上に、人口だけは多く、国土の7割は山岳地帯で居住空間が極めて少ない。そうした危機的条件の中で、日本人が豊かに暮らしていくためには、外交的努力はもちろんであるが、持てる技術力を生かして、①新エネルギーや鉱物資源の発見と掘削技術、②新資源を創り出す技術などが求められている。

日米経済成長比較のまとめ

日米経済の戦後から、①1990年までの45年間、②1991年から21世紀に入ってから2023年までの32年間、さらに2024年から2060年までの36年間を比較考察してみたい。

①1945～1990年まで（45年間）

★米国：科学技術力＋各種資源＋エネルギー＋教育力＋移民パワー＋軍事力

★日本：科学技術力＋教育力＋安価なエネルギーと資源＋勤勉性＋保護貿易体制

②1991～2023年まで（32年間）

★米国：科学技術力＋資源力＋エネルギー＋情報力＋軍事力＋自由貿易体制

★日本：低労働生産性＋科学技術の盗難被害＋自由貿易体制＋技術投資なし

③2024～2060年まで（36年間）

★米国：科学技術力＋情報力＋資源力＋エネルギー＋軍事力＋投資力＋（負としての）移民パワー

★日本：科学技術力＋情報力＋エネルギー＋海底資源力＋高度労働生産性＋サービス力＋各

種ロボット＋防衛力

このうち、①と②は1945年から2023年までの、日米両国の経済力を構築した要因である。一方、③は2024年から2060年までの36年間の日米経済を構築する要因である。科学技術力と情報力は日米共に同じであるが、日本は高労働生産性が飛び抜けて大きくなるのは、生成AIやChatGPTを使うことにあるが、結果として各種ロボットの活躍で多くの資源獲得が容易となるほか、各種災害も低く抑制できる効果が出る。米国の場合にも生成AIやChatGPTを大いに利用して労働生産性を上げるが、豊富な労働力も使用しなければならず、生成AIやChatGPTを使用するケースは比較的少ない。

日本の大手鉄鋼メーカーの日本製鉄が、米国の鉄鋼会社「USスティール」を買収しようとしたところ、次期米大統領の有力候補であるドナルド・トランプ氏は、「もしも当選したら即座にUSスティールの日本企業による買収を禁止する」と明言している。日本によるUSスティール社の買収は、米国労働者の仕事を奪うものと考えたからであるが、このことは、米国がChatGPTや生成AI、あるいは各種ロボットのような機械業務から、人間労働者の職場を守ることを意味している。事実、米国では労働人口は減少するどころか増え続けているのである。

日本の場合は、労働人口が急速に減少しているだけでなく、労働生産性も先進国に比べて劣っていることから、ChatGPT等を使用せざるを得ない労働環境にある。それゆえ、新たに宇宙・海洋等の物流やサービスがＡＩなどで利用されれば、急速に生産活動が活発となり、結果として経済力では米国を追い抜く可能性が大となる。

第2章

水素エネルギーと自動翻訳機は日本経済の基本

4 日本は21世紀に必要な産業を興すべし

1 1980年代に米国を抜いた日本の技術力

ノーベル賞に匹敵する日本人の発明・発見は235件もある

日本人の技術力が実は世界一であることを、日本人も世界も分かっていないことが、ノーベル賞の受賞者数をはじめ、各種の資料で分かっている。例えば、「世界知的所有権機関（WIPO）」が2023年10月に発表したところによると、グローバル・イノベーション・インデックスの1位がスイス、以下、2位スウェーデン、3位米国、4位英国、5位シンガポール、6位フィンランド、7位オランダ、8位ドイツ、9位デンマーク、10位韓国、12位中国、13位日本といった順番になっている。

だが、20世紀に入ってからの日本人の発明・発見は数多くあり、いずれも世界に貢献している。しかも江戸末期に開国をしてからも多くの発明と発見を行ってきているのである。20世紀以降、日本人は２４０件以上もの発明と発見を達成しているが、いずれも国内社会のみならず国際社会にも貢献をしている。

事実、戦後の荒廃から20年ほどで世界第2位の経済大国に躍り出たのは、こうした技術のお陰でもあった。その意味では日本人は２４０個以上のノーベル賞を獲得しているといっても過言ではない。

またノーベル賞は受賞せずとも、日本人は自らが開発した諸々の技術を、特許も取らずに世界に無償で与えている。例えばＱＲコードやカラオケ、魚群探知機などは、タダで世界の人々に提供しているのである。

一方、ノーベル賞の獲得数や、毎年発表される「世界の科学者の業績」や「世界の大学ランキング」などでは、科学者による論文が評価されるが、欧米と日本の論文評価の方法が異なっていることに注意すべきなのである。

すなわち、日本における学者の業績の評価基準は「論文の内容と数量」であるが、欧米諸国の場合には、これにプラスして「他学者による論文の引用数」を高く評価しているのである。

しかしながら、被引用数は論文の「独創性」とは無関係なのである。

むしろ、他人の論文引用という行為は「記理判人間（キリハン）（後述する）」が得意とする分野であって、独創性とは縁がない。しかも大学の評価には、科学研究費の多寡も評価対象にされるから、研究費の極めて少ない日本の大学は、評価が常に低くなる。

ところが、世界の優秀大学の順位では、他者の論文を引用した数の多い学者が多くいる欧米諸国や、中国などの大学が1位から50位を占め、東大や京大、慶應や早稲田などは70位から100位前後に留まる有様である。

東大や京大は国立大学のため、私学よりも多くの科研費をもらっているから、私大よりも発明・発見が多くなければならないのだが……。

遺憾なことは、こうした日本人に独創力があることを、1990年代以降の日本の為政者も、国家政策を立案する文系官僚も、企業経営者も大学界も理解していないことである。

しかも、文科省の教育方針を決めているのは、文科系で偏差値重視の官僚であるから、独創力のある者を見出したり、育てる方法が分かっていない。

その上、科学技術研究には膨大な費用が必要なのだが、文科省官僚にはその重要性が認識されていない。

1970年頃から日本の技術力は世界のトップに追いついた

日本は、大東亜戦争で敗北を喫したが、敗北の直前から技術到達への道に目覚め始めていた。たび重なる戦場での敗北と後退で、本土に追い詰められた上に、米軍機による執拗な空爆で、全てを破壊され降伏を余儀なくされたのが1945年8月15日であった。

敗戦の結果、工場も機械も原材料は皆無となり、日本人はその日の糧を得ることさえ困難な状態に追い込まれた。ところが、究極の立場に追い込まれた日本人の中に、通常では思いも及ばなかった知識や技術力が湧き起こってきたのである。

代表的な技術者が、ホンダを立ち上げた本田宗一郎氏であり、ソニーを立ち上げた井深大氏であった。本田は板金会社から二輪車を作って世界的ヒットを生み出し、一方、井深はトランジスタラジオの国内生産に成功し、これを世界中に広めた。

この二人の成功に続けとばかりに、技術者を擁する会社、例えば、三菱、日立、川崎、松下、東芝などが次々と新製品を生み出して世界中に販売網を拡大していった。戦前までの技術といえばまず兵器であった。その場合でも精密な技術を必要とする部分は、当時の日本人には無理であった。

戦艦や戦闘機などの設計に関しては、優秀な設計図があれば欧米諸国に引けを取らなかったが、技術の蓄積を必要とする精密機械となると、大東亜戦争時代は無理であった。例えば戦闘機の機関砲や可変ピッチ式プロペラなどがそれである。それでも、戦局の終盤になると、米艦船への特攻機としてジェット機「桜花（おうか）」が開発されるまでになった。このジェット機の資料は、ドイツから潜水艦で運ばれてきたが、シンガポール沖で魚雷攻撃で沈没し、貴重な資料は海の藻屑（もくず）と消えてしまった。

それでも、ドイツの現場でジェットエンジンを見てきた日本の技術者たちは、ジェットエンジンを独力で創り出し、「桜花」を発進させることに成功したのである。

ともあれ、戦争が終結してから日本では技術者たちが、新たな機械や精密な機械を作り出すことに成功し、１９７０年代に入ると世界の最先端技術と対等に並び始めたのである。１９７０年に日本が世界で5番目に打ち上げた人工衛星「おおすみ」の燃料は個体式であったが、米国はこれが弾道ミサイルへと発展することを恐れて、液体式に変えるよう強力に申し入れてきた。

結局、日本は固体式から液体式に替えたが、それでも固体式ロケットは小型化して開発を続け、今では小型固体式ロケットの性能では、世界一との評価を世界から受けている。

さらに、１９８０年代に防衛省が三菱重工に、支援戦闘機「Ｆ２」の設計を依頼したところ、三菱はこれに応じて造ったが、米国ペンタゴンの技術委員会（ＤＳＢ）メンバーがチェックのために来日して、この設計図を見たとたん、「これはニューゼロファイター（新ゼロ戦）だ！」として、日本独自の製造を禁止し、米国製のF－18戦闘機と共同開発すべしとして、日本独自の製造を禁止した。当時、最先端の戦闘機は米国の「F－15」であったが、三菱が設計したF－2は、F－15の性能をはるかに凌いでいたからであった。

2002年に、ペンタゴンは、世界で初めて主要国の軍事技術比較表（5段階）を発表した。これは、陸・海・空の兵器技術の性能比較のみならず、核兵器製造力、電子技術、レーザー技術、戦闘機エンジン等、あらゆる軍事技術の比較表であった。

当然ながら、兵器技術の「5」段階のトップは米国であったが、米国と並んで技術力が「5」であったのが日本であった。例えば、日本は核兵器を造ったことはないが、米国と並んでトップの「5」であり、中国は核兵器保有国であるにもかかわらず、5段階（ポイント）評価で下から2番目（ポイント）に位置していた。核兵器以外の軍事兵器技術も、中国は全て2ポイントであった。日本は、その他の技術においても、全て米国と肩を並べる「5」評価であった。

いかに日本の技術力が優れているかが分かる表であった。ペンタゴンは、その後、支障があるとして翌年からは発表を止めてしまった。要するに日本人技術者は、未曽有の敗戦という極限状態を迎えたにもかかわらず、わずか10年余りで急速に発明・発見の脳が刺激されたのである。つまり、20世紀の終わりには日本の技術は、米国と完全に肩を並べていたのである。

ただ、日本の技術が米国を追い抜いたと知るや否や、米国では「ネオコン」と言われる組織による「日本叩き」が始まった。その1つは、1991年に起きた「湾岸戦争」で、日本はクウェートを救うために参戦していないにもかかわらず、米軍が負った戦費90億ドル（130億円）を日本に要求し、日本はこれを支払わされている。しかも、戦後にクウェートを救ったことに対して、同国が勝利の感謝広告を新聞紙上に発表したが、その中に日本の名前はなかった。外務省も外務大臣も何をしていたのであろうか。130億円もの戦費を全額支払わされた国が、感謝もされなかったのであれば、「全額返還せよ」くらいの抗議をクウェートにすべきであったのに、政府は沈黙したままであった。

2 政府は21世紀に不可欠な技術を見極めよ

日本は1990年代から30年間、GDPが滞ったまま

日本は明治時代に入ると、国家を運営するための費用を得るために、海外から原料を輸入し

それを加工した製品を作って輸出することで利益を得て、国家を運営してきた。こうした形態は、21世紀の初頭まで日本経済の所得の基本であった。ところが2005年ぐらいになると、「所得収支（11兆3817億円）」が「貿易収支（10兆3348億円）」を上回る「所得立国」になってきたのである。

これは日本企業が海外の現地法人に出資して配当を得たり、外国の国債を購入して利子を得たり、といった収益の方が、モノの輸出入による収益よりも多い状態が続き出したからである。そしてそれらが法人税として徴収され、日本の財政の原資となっている状態が続いているのである。

ところが、1990年代に国際経済システムが保護貿易制度から自由貿易制度になると、日本経済は氷河期へと突入してしまった。すなわち1989年にGDPは600兆円に達して、900兆円の米国を慌てさせたが、グローバリズム時代になると一転して日本経済は成長を止めてしまった。自由貿易制度によって、他国製品と太刀打ちできなくなった日本企業は、労賃の安い中国や韓国へ大挙して生産工場を移転した。だが、生産技術や建設工事のノウハウ等を徹底的に盗まれた上に、日本製品よりも安く輸出されたり、諸々の工事を安く請け負われて利益を両国に完全に奪われ続けてしまった。

さらに、日本人の労働生産性が欧米諸国よりも低いために、国家のGDPも個人のGDPも上昇することはなかった。事実、日本国家のGDPは、1990年代初頭に600兆円を達成したまま、30年後となる2022年まで700兆円に達することはなかった。一方、1990年初頭に900兆円であった米国のGDPは、2022年には2400兆円となり、1990年はじめに50兆円であった中国のGDPは、2022年には1900兆円に達した。

それゆえ単純に考えれば、GDPを増やすには、日本企業が世界中が求めている「モノ」を作って輸出すればよいことになる。世界が求めるモノは何かといえば、国際社会が急速に狭まる中で、地球環境も悪化し始めていることを認識すれば、それらの事象や現象に対応するために、「新たな技術」による「新たなモノ創り」を進めることである。そして労働生産性の低さを補うために、生成AIやロボットを使うなどすれば、生産性は上がるであろう。

21世紀は、エネルギー、宇宙・海洋の物流、ロボット、観光がメインに

つまり新技術は、地球の温暖化を防ぐとともに、新たなエネルギーを生み出し、宇宙開発を進めると同時にAIによって海底資源を獲得し、海上輸送方法を変え、人類間のコミュニケーションをスムーズにさせる完全自動翻訳機も必要である。また巨大地震や巨大火災、大洪水な

どといった自然災害が巨大化する中で、被災者救出の手段・方法が編み出されなければならない。さらに経済活動等を阻害する軍事紛争を強制的に終了させせ、核兵器なども完全にオモチャとさせてしまう、レーザー兵器なども必要である。

そこで、これからの世界を動かしていく技術は何かというと、日本に限って言えば、①エネルギー（水素燃料）をいかに獲得するか、②大陸から離れた島国であることから、輸出入の貿易をメインとする「物流」の方法、③人手不足を補い、かつ労働生産性に貢献できる各種ロボット、④世界8大文明に数えられる日本へ殺到する外国人観光客への対応、⑤気候変動による各種災害を防ぐ防災技術、⑥戦争や争いを防ぐレーザー技術、⑦難病や危険な病気を治す技術や医薬品、などであろう。

まず第1に、エネルギー問題についていえば、日本列島には石油も天然ガスもないため、輸入に依存しているが、世界的風潮である脱炭素社会を創り出すために、電力やエンジンを動かすための燃料をいかに獲得するかである。つまり、必要なエネルギーは、水素ガスや液体水素などへと移行しなければならない。

第2に、輸出入のような海外貿易に必要な物流は無論、国内における物資の輸送においても鉄道やトラックの輸送問題も派生する。特に海外貿易の8割以上を占める船舶輸送は、船を動かす燃料とエンジンのみならず、海洋気象が大きく関わっており、異常気象や温暖化現象によって、船舶輸送に大きく影響をしている。そこで異常な海洋気象や戦争等に影響されずに、貨物を運搬する方法が考えられよう。海上輸送が重要なのは、日本だけの問題でなく世界中の重要課題でもある。

生成AI（ロボット）とChatGPTは、労働生産性を大いに高める

第3に、人手不足の問題である。日本だけでなく世界的な問題にもなっているのは、労働生産性が、世界的にクローズアップされてきている事情にもある。つまり過酷な労働時間や危険な労働現場、人権を無視した労働環境、危険な鉱山の掘削現場、海底資源開発等が、世界的にも重要課題となってきている。同時に、日本のように労働生産性が低いとする問題だけでなく、働く人間の数が少なくなってきている問題もある。こうした問題を解決するためにも、生成AI、ChatGPT等の技術を駆使して、ヒューマノイド（人型ロボット）の開発が求められている。

ロボットの活躍する分野は極めて広く、製造分野から日常生活にまで及んでいる。例えば、①製造分野としては電気・電子産業の部品装填工程、ピッキング、整列、包装、入出荷作業、溶接作業のほかに、人とともに作業のできる協働ロボットなどがある。

②サービス分野としては、小売業や飲食業、ホテル・旅館などでの需要が拡大するであろう。
③介護・医療分野では協働ロボットの活躍が期待できる。
④農業・漁業分野としては、草刈、魚網の設置、回収・収穫、分類、輸送などで活躍するはずである。

第4に、世界的な温暖化によって、北極圏や南極圏をはじめ、世界中の高山に残る氷山や氷河が溶け始め、地球全体の水位が上昇を続けている。このため、海岸に近い平地に住む人々は居住地を奪われ、台風やハリケーンなども巨大化するだけでなく、通常の雨や風も20世紀までの分量を大きく超えて、河川で激流を発生させ住民生活を脅かしている。

無論、巨大地震や津波、豪雪、豪雨、台風、火山爆発など、自然環境の大きな変化による人間社会への被害が増大しているが、これは従来の防災品や防災技術だけでは、救助や対応ができなくなっていることを示している。人間に代わって、強力なヒューマノイドの働きが求められる時代となっている。

第5に、日本へ殺到して来る外国人観光客の問題である。２０００年代に入ると、１９８０年代に世界の学者たちが唱え始めていた「日本は世界8大文明国の1つ」との学術的情報が、インターネットの普及によって世界中に拡大したのである。

このため、2000年以降は、徐々に外国人観光客の訪日が増え始め、2019年時点の訪日外国人観光客の数は、2000万人を突破するようになり、世界でも8位にランクされるなど、訪日観光がブームになり始めた。ところが、コロナ騒動によって、世界中で観光客の数は激減してしまった。しかし、コロナ禍が下火となった2022年になると、日本には3800万の外国人が訪日するなど、再び訪日観光客の数が増大し始めたのである。

そして、外国人観光客を受け入れるための体制として、最も重要なことは外国語の問題である。外国人の全てが英語を話すわけでもなく、たとえ英語を話しても母国語ではない場合が多い。だが、受け入れ側の日本人が、100カ国もの外国語を理解し、かつ話す「翻訳機」が備わっていたら、これほど素晴らしいことはない。つまり「完全自動翻訳機」が完成して使用できたら、インバウンド効果は計りしれないほど大きくなる。

以上、挙げてきた技術分野は、いずれも日本が得意とする技術ばかりであるが、問題は開発費用である。それゆえ、米国や中国が行っているように、官民が協力して研究開発に取り組み、産業界を活性化させている例に倣って、日本も官民合同でプロジェクトを立ち上げ、協力して研究開発を行えば、確実かつ早く目標を達成することができよう。

3 プロジェクトのR&D資金は国民からの投資で

巨額の研究開発資金は財政の厳しい政府ではなく、国民からの投資で

さて、話を21世紀の技術に戻すが、日本が21世紀に不可欠な技術として何が必要かを考えると、それは間違いなく水素エネルギー、水素燃料用エンジン、本格的宇宙船、極超音速機、事務代行ロボット、海底資源開発用ロボット、災害救助用ロボット、潜水貨物船、完全自動翻訳機、レーザービームなど10個ほどである。

ただし、ここに挙げた10個の技術は、いずれも3割から5割ほどは理論的にも開発上もでき上がっているものばかりである。それゆえ、あとは何度も試作機（品）を作って、性能を確かめるだけでよいことになる。つまり全くの「無」から創り出すのではないから、数年をかければ、完成品ができるのではなかろうか。

ただし、完成品を得るまでには試作品を何度も作って、実験を繰り返す必要がある。例えば、100mほどの巨大宇宙船を目指す場合、まず、10m、次に30m、60m、80mといった具合に、実物大の完成品まで、少しずつ大きくしていき、実験を行いながら試していかなければならな

い。しかも、1つの工場で全てを作るのではなく、同じ年度内にA工場では10mの試作品、B工場では30m、C工場では60mの大きさの宇宙船といった具合に建造して、実験を繰り返さなければならない。

例えば、従来の扇風機は必ず「ファン」を回して風を起こしているが、ファンのない画期的な扇風機を発明した英国のダイソン社は、完成品までに46回も試作品を作ったとジェームズ・ダイソン社長自ら述懐しているほどである。

もっとも、完全自動翻訳機はすでに「ポケトーク」の技術が完成しているため、投資額も年数もそれほど多くはかからないかもしれない。あるいは液体水素燃料を利用する各種エンジンについても、自動車用に関しては8割方は完成しているとみている。あとは航空機用と船舶用のエンジンに利用できる液体水素燃料とエンジンを開発すればいいだけである。

すでに数社が航空機エンジン用や船舶エンジン用の水素燃料の開発に取り組んでいるから、こうした企業には国とプロジェクトを組んでもらい、政府から補助金を出す必要がある。ただし、全く新しい製品となる「巨大宇宙船」、「極超音速旅客機」、「巨大潜水貨物船」、「災害対応ロボット」の開発は理論上の完成であるため、いわば無から有の開発となるのでR&D費は高額となろう。それゆえ、研究開発体制は政府（の研究機関）と、すでに周辺技術を保有している大手企業や学者などでプロジェクトチームを作り、研究開発をスタートさせる必要がある。

問題は、研究開発用の資金であるが、これら4つのプロジェクトには年間、1兆円ほど必要であり、これを10年間続けるとすると10兆円という膨大な金額となる。そこで10年間で10数兆円とする研究開発費を、どこから捻出するかの問題が出てくる。もちろん、政府は現在、R&Dのために10年間10兆円などという大金を出す余裕など全くない。答えは、国民からの「投資」で賄うことがよいと思う。

投資物件がないために貯金するしかない国民

日本国民の貯蓄に対する考えは、世界でも稀有(けう)なもので、2021年現在、国民全体のタンス貯金を合わせると200兆円を超えているし、企業は社内留保金として460兆円も保有しているのである。ただ逆に言えば、それほど日本人は投資したいと思うようなモノがないため、貯金をして安い金利で我慢せざるを得ないし、企業も投資するようなモノがないために、社員の給料を上げることを控えて貯蓄しておかなくてはならない状態にある。

そこで、巨額の資金を捻出する手段として、国民にプロジェクトへの投資を呼びかけたらいかがであろうか。銀行への貯金ではスズメの涙くらいしか手元に入ってこないが、投資は銀行金利より大きな利益が期待できる。もちろん、投資する金融商品にもよるが、年率4〜5%のリターンを得ることが可能である。しかも、政府が立ち上げるプロジェクトであるから、詐欺などは絶対に起こり得ない。

例えば、1口20万円で、5口までの投資（つまり100万円）を認めるという条件で、投資者を募る方法がある。1プロジェクトだけでも、3プロジェクトだけでも、あるいは全部のプロジェクトでもいい。

これまでにも、海外の物件などへの投資は詐欺であるケースが多く、被害者は億単位の損害を出すケースがしばしばあった。しかしながら、国家が立ち上げるプロジェクトへの投資であるから、詐欺などは起こり得ず、極めて安全な投資となるであろう。4つのプロジェクトの全てに投資をしてもいいし、興味ある1つのプロジェクトに投資をしてもいいので、投資を目指す国民にとっては魅力あるプロジェクトとなろう。

また、プロジェクトによっては、10年では達成できず、15年かかったり20年近くかかったりするケースも出てくるであろう。そうした場合には、国はきちんと説明をして、投資者に損が発生しないよう、新たな投資条件を提示したりするはずである。

ソウシケツ人間の使い方を誤まるな

ところで、キリハン人間とソウシケツ人間と言う用語は、筆者の造語である。「記理判（キリハン）」人間とは、抜群の「記憶力、理解力、判断力」に優れた者のことで、３つの漢字の頭をまとめたものである。キリハン人間は小さい時から記憶力、理解力、判断力に優れ、小学校から高校・大学まで、成績がトップの者である。ペーパーテストでは常に１００点を取る者で、要するに情報処理能力に優れている。

ただし、ここで言うキリハン人間は、文科系の人たちに多いということである。文系のキリハン人間は、書物や資料などの処理や分析には優れているが、新たにモノを創造する力や、独創性や指導力、そして決断力では劣り、責任感も欠ける者が多い。キリハン人間の職業としては、裁判官や検察官、弁護士、あるいは上級役人や大学教授などが適任である。

しかも日本における文系キリハン人間は、長期の政策を考える戦略的思考はないが、多くが、中央省庁の官僚になって国家政策の立案作業を行っている。だがこの人たちは、10年先、20年先を見通した長期的・戦略的政策の立案には不向きなのである。

これに対して、「創指決（ソウシケツ）」人間とは、文字通り、創造力、指導力、決断力に優れた人間のことで責任感も強い。子供時代のソウシケツ人間は、学校から帰ってくるとすぐに外へ出て友達と遊んだり、サッカー、剣道、柔道などに出かけたり、女子であればダンスやピアノなどの習いもののほかに、友達との遊びに夕方の時間を過ごす。

したがって、ソウシケツの子供たちは、帰宅して食事をすると疲れが出て、かろうじて宿題を済ますと、バタン・キューで寝てしまうことになる。

それゆえ、翌日の試験では100点は取れず、60~80点くらいの点数に甘んじることになる。

そして教育期間を終えて社会に出ると、ソウシケツ人間は会社員や工場労働者、農漁業者、個人商店主などとして勤務するが、彼らは現場での仕事を通して抜群の独創力や、指導力、決断力を発揮するので、危機管理能力や戦略的思考力などを働かせ、職場の危機を巧みに回避したり、新たな製品へのアイデアなどを打ち出すこともできる。

一方、同じキリハン人間でも、理系人間の場合は、理論だけでなく諸々の実験などの現場を通して「創造力、指導力、決断力（ソウシケツ）パワー」を備えてくる。つまり、新たな発想を得ることが多く、本来は国家政策の立案などに携わってほしいと思うが、彼らは文書などをめくって議論だけを行う仕事は敬遠してしまう。実験室や現場で仕事を行うことを得意としているからである。

ただし、大企業ほど経営陣には文系のキリハン人間が多いため、創造力や決断力に欠ける場合が多く、折角のソウシケツパワーを持つ社員の能力を生かすことができていない。

１９９０年以降の日本企業の場合、経営陣にはキリハン人間が多く、創造力を生かした新たな製品や商品はなかなか生まれてこないようである。

それゆえ、国の内外から集まる情報を分析するのは「官僚」に任せ、分析に基づいて経済政策を含む諸々の国家政策を立案する作業は、「ノンキャリア」や、各界で現場の仕事に従事してきた人間に任せればいいのではなかろうか。

もっとも、文系官僚でも、３年以上、現場（例えば、建設工事現場、犯罪者の見張りと逮捕、自衛隊での厳しい訓練、魚肉・野菜などの販売等）に入って苦労を積むと、ソウシケツパワーと責任感などが養われるので、省庁に戻って国家政策を立案する時には、国家や国民が望む政策を立案できるようになる。ただ、こうした人物はキリハンだけの官僚社会から嫌われるため、官僚として生き残ることは難しい。

女性パワーを活用すべし

日本社会は欧米社会と比べると、女性の活躍の場が極めて狭い。奈良・平安時代から鎌倉・室町・戦国・江戸時代という１５００年間にわたる封建時代が続いたことで、日本社会は男系優位社会が根づいてきた。

大東亜戦争に敗れた日本が、ようやく欧米の自由民権思想や男女平等思想を学び始めはしたが、現実社会では依然として男性優位の社会が強く、簡単には治っていない。２０２３年においても、どこかの市長が「女性は子供を産んでから、初めて女となる」など馬鹿な発言を堂々と言っているのである。

一般の事務職場においても、力仕事は男性に譲るとしても、その他の知的仕事は女性でも十分こなせるはずである。だが、女性は結婚して退職するからとの理由で、役職にはなかなか就けようとしない。筆者が米国にいた時、用事で市庁舎を訪れたことがあるが、多くの部署で、女性管理職がいっぱいいいたのを見ている。

もちろん、一般の企業だけでなく、官庁や大学等においても女性の部長や教授たちはたくさんいるし、弁護士や検察官などでも多くの女性たちが活躍している。米国の場合、企業や大学あるいは公職などで管理職を務める女性たちは、結婚・出産・子育てで、一度、職場を数年間離れることはあるが、子育てが終わると、きちんと復活して管理職になっているのである。

だが、日本企業の経営陣に女性の部長や重役があまり見当たらないのは、男性たちが長い封建制度の悪弊から抜け出すことができないというよりは、「女」なんて無理だとする認識が強いからであろう。つまり男尊女卑の社会が依然として根づいているのではなかろうか。女性は愛しても尊敬はしない、だから、上司にはさせない、教授にはさせない、というのが本音であろう。

日本政府は２０２０年までに、女性管理職30％を目指す目標を立てたが、２０２２年７月～8月にかけて帝国データバンクが調査したところでは、女性管理者は8・9％に留まっていた。一方、米国企業の23％（７８０万社）は、女性が経営する会社という結果が出ている。またILOの調査によると、国別の会社内で女性管理職が占める割合の順位は、米国：39・77％、英国：36・5％、カナダ：35・88％、フランス：23・97％、ドイツ：29・1％、イタリア：27・33％、日本：14・75％である。

教育の世界でも理系の女子が欧米と比べて少な過ぎるが、このことがさらに女性を准教授や教授職に就けさせないエクスキューズになっているとも言えよう。日本では女性に対する差別が依然として大きいことが分かる。それゆえ、新たに立ち上げる先の4個のプロジェクトには、女性科学者や技術者の参加を求めることも必要であろう。

5 日本のプロジェクトは地球を救い、日本を豊かにする

1 プロジェクトのいくつかは3割方完成している

プロジェクトの多くは完成すれば大型輸出品となる

そこで、日本が研究開発をした上で、生産したりサービスを行うのは、以下の「10分野」であるが、これらを達成すれば世界も大いに求めるものなので輸出が大いに期待できる。

★官民合同によるプロジェクト

1. コミュニケーション……完全自動翻訳機の生産・観光・輸出（大）
2. エネルギー……アンモニア発電等による水素ガス燃料・輸出（大）
3. 陸・海・空のエンジンに利用できる液体水素燃料・輸出（大）
4. 3交通機関用水素エンジン「陸・海・空」・輸出（大）

5．巨大宇宙船……巨大宇宙船・宇宙開発・探査・宇宙遊覧・観光（大）
6．極超音速旅客機……30分でいかなる地点へも到着・ビジネス・観光・輸出（大）
7．巨大潜水貨物船……世界海運物流サービス・水中観光・輸出（大）
8．AI（ロボット）……労働生産性補助ロボット、鉱山・海底資源用、運搬用、各種工事用・輸出、災害救助ロボ、防災用、大中小製品・輸出（大）
9．レーザー砲……紛争使用中の兵器を殲滅（せんめつ）。政府（防衛省）の資金で賄う。
10．病院船派遣、自衛隊PKO……無医村への支援、難病克服、戦争被害からの復旧等は、政府からの資金で賄う。

これら10分野の研究開発によって、新たな製品や商品が生まれれば、世界中が求めるようになる。その結果、日本政府や日本企業は多額の利益を得るであろうし、間接的には、これらの製品を利用しようと日本を訪れる外国人観光客も増大する。つまりインバウンド効果も大中小の企業に及ぶことで、日本をさらに豊かにする相乗効果を生むことになる。それゆえ、このプロジェクトはできる限り早くスタートすべきなのである。

一方、これらのプロジェクトに参加できない企業については、経産省が10年以上も前から把握していた「埋没のディープテック（最先端技術）」を、事業化するために政府が資金援助することが論議されてきた。2023年8月になって、政府はようやく事業化（カープアウト）することを決定したが、そこに投資される金額は初年度で30億円とのことである。

だが、この金額ではお粗末で、3兆円のR＆D費をつぎ込まなければ、多くの企業が参加し研究費要請に応えることはできないであろう。もちろん、この費用も国民に投資をしてもらう必要がある。

巨大プロジェクトは大手企業がメインとなるが、大量生産を行う必要から、部品を供給する中小企業も参加する必要がある。例えば米国のシリコンバレーには、様々な先端技術を持つ企業2000社あまりが犇めいているが、情報と電気、エネルギー関連の中小企業が数千も占めている。しかしながら、2000社の開発した製品をさらに増やすために、数万もの部品関係の会社が取引きをしている。

ところで、現在における中国の代表的なプロジェクトは「一帯一路」であるが、中国が2000年に入って、胡錦涛政権時代に立ち上げた巨大プロジェクトは14項目あり、現在も官民一体となり世界各国も巻き込んで進めている。しかも、これらのプロジェクトには、日本人科学者や技術者が関わってきたのである。なんとも馬鹿げた話である。

それゆえ、これから立ち上げる日本のプロジェクトは、中国の「一帯一路」プロジェクトとは異なって、多くの国や企業に参加を求めるのではなく、あくまでも日本だけで推進しなければならない。理由は、日本が立ち上げるプロジェクトは、日本人の高度知識で生まれた技術であるから、他国には絶対盗まれてはならないからである。また、完成品を輸出する場合は、高度技術を盗まれないような対策を立てておく必要がある。

生産力のアップは生成AIとChatGPTの活用

現在、日本だけではなく世界中で「生成AI」が利用されるようになっている。従来、AIはすでに学習されたデータの中から適切な答えを探して提示する性質を持っているが、生成AIはゼロから1を生み出す性質を持っている。

そのため、生成AIは法律、経済、経営、社会、工業技術、医療、画像、動画、文章、音楽、コンピュータプログラム等といった、すでに確立された分野で創造や応用が利く技術である。特に、生成AIはコンピュータプログラミングが特に上手いと言われる。しかも質問内容が高度だと、活用範囲も広がるというメリットがある。

それゆえ、事務系の職場での作業や、工場での作業などにおいても、素早く作業手順を示したり、機械の性能をアップさせることができるので、事務所、工場現場、掘削現場などで活動するロボットの性能に関して、技術的な知識を提供してくれるに違いない。

プロジェクトは10個ほどあるが、第1号が完成した場合、量産をして国内外へ販売することになるが、プロジェクトチームの形態はどのようになるのであろうか。依然として官民合同の経営を続け、利益も折半という方法を取るのであろうか。

答えは、ケースバイケースで行うべきであろう。例えば、巨大宇宙船に関しては、民間企業のみによる運営にすると、宇宙空間でのビジネスとしては技術的未知の分野が多く、危険を回避することは未だ困難なため、国家機関と民間による新たな企業を立ち上げ、共同運営を行うことが望ましい。以下に各プロジェクトの具体的内容について記述する。

2 プロジェクト成功に向けた研究体制

4つにまとめられるプロジェクト

前述した10分野の研究開発部門は、相互に関連する分野もあるため、4つほどにまとめることができる。

プロジェクト・1　エネルギー、燃料、輸送用エンジン。開発費＝3000億円（年間）

アンモニア発電、CO2の出ない石炭発電、近赤外線レーザー光発電、液体水素燃料、液体水素燃料による自動車用エンジン・船舶用エンジン・航空機用エンジンの開発

プロジェクト・2　巨大宇宙船、極超音速旅客機。開発費＝3000億円

巨大宇宙船建造、宇宙探査、宇宙観光、極超高速旅客機、完全自動翻訳機

プロジェクト・3　巨大潜水貨物船、燃料。開発費＝3000億円

巨大潜水貨物船　北極海航路の開設、海中遊覧潜水船

プロジェクト・4　ロボット・地上建設用、海底掘削用・防災用。開発費＝1000億円

ヒューマノイド（人型ロボット）、工場用、建設用、鉱山掘削用、海底資源掘削用、災害救助用、防災用

「4プロジェクト」の年間開発費の合計は1兆円。10年間で10兆円が必要となる。

政府が資金を出して行うプロジェクト

「レーザー砲研究」と「難病研究」

★短距離レーザー砲、長距離レーザー砲（原子力発電利用）：レーザー砲の開発は極秘を擁するため、防衛省のみが行う。

★難病克服の研究開発：難病の開発は厚生労働省と製薬会社、そして民間研究所が行う。難病は失明、聾唖（ろうあ）、がん、心臓、脳障害のほか、患者数の多い病気。難病の克服のためのR＆Dは、年数を限定せずに製薬会社・大学・民間研究所等に多額のR＆D費用を割り当てる必要がある。

なお、「4プロジェクト」に対する投資者への配分・割り当てなどは政府、財務省、金融庁そして投資会社などが検討の上で決定することになる。

日本は半導体と量子コンピュータと生成AI技術に全力を

ところで、特に国家的プロジェクトをスタートする上において、最も重要なものが「半導体」である。もちろん、半導体は、産業のコメというよりも「産業の頭脳」ともいうべき重要なものので、スパコンやAIなどにとっても不可欠なもので、世界が凌ぎを削っており、その製造と供給体制は欠かせないものであるが、さらに高度な半導体を研究・開発する必要があろう。

このため、日本政府も半導体の研究機関「ラピダス」の開発事業に【700億円】を支援すると発表したが、世界の半導体生産の9割を握る台湾に、危機感を強めた米国政府の場合には、2022年8月に【527億ドル（7兆7000億円）】を支援する新法を成立させている。これは、700億円しか支援しない日本政府（政治家）そして経産省官僚や文科省官僚たちの、半導体や科学技術に対する認識がいかに低いかが分かる数字である。

もっとも、日本は半導体を製造する装置は、オランダとともに優秀な技術を持っている。そのため、日本やオランダなどで製造された半導体が、中国へ大量に輸出されており、米国のトランプ政権は、両国に対して中国への半導体輸出を控えるよう要請しているほどである。

もちろん、米国の要請をまつまでもなく、危険な中国へ半導体の輸出は認めてはなるまい。ただし、先端産業に不可欠なレアアースの生産の8割を中国が握っていることからすると、日本は自国の排他的経済水域内の海底に豊富に存在するレアアースの採収事業を、一刻も早く始めなければならない。

2023年4月17日、国立佐賀大学の嘉数（かすう）誠教授が、従来のシリコン半導体にかえて、人工ダイヤモンドを使った半導体を、世界で初めて開発したと発表した。ダイヤモンド半導体は、シリコン半導体に比べて5倍の高温で動作し、33倍の電圧に耐えることができ、宇宙産業などには必須の半導体である。

また、「生成ＡＩ」や「ChatGPT」を支える技術は、生産活動を変革しビジネス機能を最適化するので、画期的な技術革命が進展する。営業はもとより、人材、法務、財務、マーケティングなど企業の能力を高めるために、労働生産性が向上するとともにコストも削減される。企業は拡大の一途を辿ることになろう。

「ＡＩ」を利用した技術は、人手不足の社会を助ける自動運転などに活用されるが、事務職におけるヒューマノイドの手助けや、すでに活躍をしている自動車生産工場における高機能ロボットや、鉱山などで掘削作業に従事するロボットの開発にも繋がる。

日本の量子コンピュータ技術は21世紀を拓く

「量子コンピュータ」の開発が急がれている理由は、もしも、これが完成すると、従来インターネットを通して送られてきた暗号化された軍事情報や企業情報のみならず、普段、我々が利用しているクジットカードのパスワードや番号などが立ちどころに解読されてしまう。

さらに、外交文書などの国家機密は暗号化され保全されているが、あっという間にそれらの機密は暴露されてしまうのである。当然ながら、それを防ぐための開発をしなければならないのだが、そのためには「耐量子計算機暗号」を実用化して、その暗号に移行しておく必要がある。

特に過去の外交交渉において、日本を騙したり虚偽の情報によって日本を苦境に立たせてきた米・露・中・韓などは何としても量子コンピュータの開発を、日本よりも先にしなければと必死になっている。しかも2023年秋の段階で、日本のスーパーコンピュータ「富岳」の性能は、それまでの2位から、米国のスパコン2社に追い抜かれて4位に落ちている。

一方、量子コンピュータについてはマイナス面ばかりでなくプラスの面もたくさんある。例えば、1998年に日本人の門脇正史氏と西森秀稔氏が発明した量子コンピュータの基本原理(=量子アニーリング法)は、各種の経済効果をもたらすだけでなく、新物質の開発、医薬品の開発、自然現象の解明、シミュレーションなど、あらゆる分野で人類に恩恵をもたらすはずである。

2023年3月に、「理化学研究所」が超電導方式による「量子コンピュータ」を世界で初めて開発に成功したと発表した。おそらく、これを契機として各種の量子コンピュータが開発されていくことになろう。事実、2023年10月には、理研と富士通が共同開発した「第2号の量子コンピュータ」を発表したのである。

さらに同じ年の11月に、東京理科大学の河原尊之教授らの研究グループが、回路線幅が22nm(ナノメートル:ナノは1mの10億分の1)の相補型金属酸化膜半導体を使って、現在の量子コンピュータの計算能力を超える「大規模集積回路システム」を開発した。これによって新たな「薬」や「新材料」等の開発に生かすことができる上に、消費電力が極めて低く済む。

そして、もう1つ、今度は光を使った量子コンピュータが東大の古沢明教授のグループによって開発された。量子コンピュータは情報の基本単位となる「量子ビット」を使うが、計算エラーが発生しやすい。それを訂正する仕組みが必要とされていたものを、訂正が可能な特殊な量子ビットを光で生成することに成功したものだ。古沢教授は今年（2024年度）中にも、ベンチャー企業を立ち上げるとしている。

6 「水素燃料」と「完全自動翻訳機」は日本経済の土台となる

1 水素燃料時代の到来

水素ガスと液体水素燃料の取得方法

日本は現在、エネルギー（石油）の9割を、ペルシャ湾周辺の中東諸国に依存している。この石油の価格は、日本が輸入をしていた1950年代は1バーレル2ドルほどであったが、1973年の第四次中東戦争の結果、1バーレルが10ドル以上となり、1979年のイラン革命の頃には30ドルと跳ね上がった。さらに、ロシアの崩壊と中国の台頭を受けて、石油価格は値上がりを繰り返し、1バーレル60〜70ドルへと上昇した。

ロシアによるウクライナ侵攻に続いて2023年10月、イスラエルとハマスとの争いが勃発、第5次中東戦争の危険が叫ばれているが、すでに1バーレル90ドルを突破して、石油輸入国の経済に大きな影響を与えつつある。

つまり、日本としては一刻も早く、中東やロシア依存から脱却しなければ、経済が増々厳しくなることは目に見えているのである。現在、日本が石油の代わりに期待するエネルギーは、「水素」である。

アンモニア発電が日本のエネルギー利用の根幹となる

2024年の現在、日本のエネルギー問題に明るい話題が出てきた。それはアンモニア発電と呼ばれるもので、アンモニアを燃料として燃やして発電する方法である。アンモニアを生産するには、19世紀末に発明された「ハーバー・ボッシュ法」があるが、これは鉄アルミナ系の触媒を使って、圧力を200気圧、温度500度で窒素と水素を反応させることでアンモニアを作ってきた。だが、価格は馬鹿にならないほど高い。

これまでアンモニアメーカーとしては、日産化学、三菱ガス化学、三井化学、UBE，三井化学ファイン、レゾナックの6社がある。

一方、IHI（石川島播磨重工）は、液体アンモニアを燃料とする火力発電技術を開発している。アンモニアは炭素を含んでいないので、液体アンモニアを霧状に噴射して燃焼させると、温室効果ガスを99％以上削減できるとする技術を開発している。

同社によれば、2025年には実用化したいとしているが、課題はアンモニアの生産量であろう。なぜならアンモニア自体の獲得に費用がかかっているからである。

だが、2019年に東大工学部の西林仁昭教授が世界で初めて開発したアンモニア製造方法がある。常温・常圧の下で、窒素ガスと水からアンモニアの合成に成功したのである。しかも窒素の供給源は無限といってよく、圧縮空気内の酸素分子から窒素分子を分離するコンプレッサーと、窒素発生装置だけあれば、窒素ガスを24時間、無制限に供給できるという。

この技術によって、ほぼ無限大にアンモニアを生産できることになり、既存の火力発電にアンモニアを混ぜれば発電ができるので、石炭を使いながら電力を得ることができる。アンモニア発電によって電力が容易に得られるので、水素ガスを大量に得ることが可能となり、液体水素燃料も大量に得ることが可能となるのだ。将来はアンモニアだけで水素が得られるという。

現在のアンモニア発電は石炭を燃やしながら使用するので、CO_2は少ないとはいえ排出される。この発電所や工場などから排出されるCO_2は、「CCS技術」を使って1000m以上も深い地下に貯留することになる。CCS技術とは、二酸化炭素に圧力をかけて液体状態にして地下に貯留するというものである。

今後、日本のアンモニア製造企業は、西林グループが開発したアンモニアを生産するに違いない。これによって日本の電力事情は大きなゆとりができると同時に、液体水素燃料の供給も、国内で十分に可能となり、海外への輸出さえも可能となった。

氷河期も必ずやってくる

一方、『COP26』や『COP27』において、日本は石炭を火力発電に使用しているため、『化石賞』なるものを受賞して、欧州諸国をはじめとする石炭火力廃止国から批判を受けている。

しかしながら、気象学者などの研究によれば、地球の温度は氷河期と温暖期を何度も繰り返してきており、温暖化はCO_2の排出とは関係がないとの研究発表も行われている。事実、CO_2の排出が全くなかった紀元前以前の地球は、氷河期と温暖期を何度も繰り返してきているのである。たしかに二酸化炭素は、人間にとって良い物質ではないし、排煙などは地球環境を汚すのは間違いない。

地球は46億年前から温暖化と冷却化を繰り返してきている。この事実の先駆けとなったのは、1896年にフランスのアンリ・ベクレルがウランから放射能を発見し、さらに2年後にキュリー夫妻がウラン以外の放射性元素、ポロニュウムとラジウムを発見したことから、地球温度の実態が理解され始めた。

そして１９３８年、英国の地質学者ジュリーが、放射性元素が供給する「熱」が地殻変動を生み出すことを指摘したのである。すなわち、放射線を出して崩壊する時に熱が放出され、それが地球内部の熱源となっていることを指摘したことで、地球は冷却と温暖を繰り返していることが明らかとなったのである。

つまり、工場などからのCO_2の排出で地球温暖化が進むとする現在の考え方は間違っているのではなかろうか。現在は温暖化にある地球も、やがて冷却期に入ることは明らかなのである。第一、CO_2を敵視して地上からなくしてしまえば、CO_2を糧としている全ての植物は地球上からなくなり、コメや麦なども生産できなくなる。

ともあれ、日本が開発してきた石炭からの電力は、CO_2がかなり抑制されてきている。もう少し研究・開発を推進するために大金を投入すれば、日本人の技術力なら、CO_2をほとんど出さないガスを獲得できるのではなかろうか。

もちろん、多くの途上国では、現在でも石炭を使う火力発電所がたくさん稼働している。それゆえ、日本が石炭を利用した火力発電を行っても、CO_2を排出させない技術を完成させれば、日本は途上国にとっての救世主となる。

2023年現在の世界における石炭の埋蔵量は1兆350億tあるが、このうち、米国が2489億tで1位、2位はロシアで1621億t、3位は豪州で1502億t、以下、中国、インド、ドイツ、インドネシア、ウクライナ、ポーランド、カザフスタンと続く。

一方、水素を発生させる方法として、川崎重工が「褐炭」を燃やして水素を得ており、これらの水素を液体水素として「液体水素運搬船」を建造したり、液体水素を「航空機エンジン」用としても開発を進めている。

また、神戸市では「水素スマートシティ神戸」構想のもと、神戸市ポートアイランドで、2018年に水素を燃料としたガスタービン発電の実証実験を成功させている。これによって川崎重工の建造した液体水素運搬船「すいそふろんてぃあ号」で、外国から運搬してきた液化水素を、ポートアイランドに設置した「商用水素ステーション」に入れ、2023年春から稼働させている。

日本の技術者たちは石炭を燃やして電力を得る際に、CO_2を排出させない方法を、すでに北海道電力IHI（石川島播磨重工）をはじめとする重工各社でも、石炭火力発電所からCO_2の分離・回収技術に取り組んでおり、脱炭素・循環型社会の実現に向けて技術を結集している。日本では岩谷産業が水素燃料の生産で他社を圧倒している。

宇宙からレーザー光線で水素ガスを抽出する方法もある

ＪＡＸＡの技術者たちは２０００年に入ると、宇宙からの太陽光を近赤外線レーザーに変換した上で湖に照射させ、ここから発生する気体に触媒を加えることで、「水素ガス」を抽出することに成功している。いわゆるグリーン水素である。これは水素ガスを太陽光から得られるので、他の既存のエネルギーに比べ、格段に安価な費用での入手が可能となる。

ＪＡＸＡは実験済みの技術であるが、簡単に説明すれば、まず宇宙空間の３万６０００kmの日本上空に、２つの人工衛星を静止軌道上に打ち上げる。このうち、１つ目の人工衛星には反射鏡を設置して太陽光を受ける。反射鏡で受けた太陽光をもう１つの人工衛星に照射する。反射鏡で太陽光を受けた人工衛星では、この太陽光を「近赤外線レーザービーム」に変換するが、この近赤外線レーザーは、波長６００～１５００nmほどの波長である。

このビームを日本の各地にある「貯水ダム湖」や「湖」に向けて照射する。それぞれのダムには、直径１００ｍほどの丸いタライのようなもので囲ってある宇宙からのビームの受け皿を設置しておく。ここで近赤外線レーザー光を受けるのだが、タライの中の淡水面に照射されたレーザービームは、１００℃以上の熱があるため、水蒸気を発生させる。

この水蒸気はH_2Oを含むが、これに特殊な触媒を注ぐと「水素ガス」が発生する。この水素ガスを従来の火力発電装置に送り込めば、発電装置が稼働して水素ガスの燃焼によって電気が発生する。この近赤外線レーザーによる電力用ガスの発生実験は、すでにＪＡＸＡが成功し、岩谷産業や神島化学工業など民間企業の数社もこの実験に協力している。

宇宙からの近赤外線レーザービームの数量を増やせば、発生する水素ガスの量も多くなる。この近赤外線レーザービームは旅客機や野鳥に当たっても破壊したり傷をつけたりしない上、1日24時間、昼も夜も曇りの日でも、レーザービームを湖に照射し続けることができる。

ただし、実用化に向けての実験は、その後行われていない。諸々の実験を繰り返すには人工衛星を何度も打ち上げて調査することがまだまだいっぱいあるが、ＪＡＸＡへの割り当て予算は、あまりにも少なく、ロケットを打ち上げることさえ難しいからである。

宇宙からのレーザービームの受け皿の大きさは、直径が１００ｍほどのタライの水面の大きさでいいから、近赤外線レーザーを発射する装置を10以上にすれば、１つのダム湖だけでかなり多くの受け皿を設置できるので、作ることのできる電力は膨大な量にのぼる。

水素ガスを得ることができれば、これを液体化して「液体水素」も獲得できるので、気体と液体2種類の水素燃料を得ることができる、一石二鳥の技術なのである。もちろん、そのためには、３万６０００km上空に、静止衛星を何度も打ち上げたり、複数の衛星を打ち上げる等の実験を繰り返さなければならないが、文科省からJAXAに配分される研究・開発費は長い間、年間1900億円であった。

こんな安いR&D費用では、宇宙に何度も人工衛星を打ち上げて「近赤外線レーザービーム衛星」を設置した上で、日本国内のダム湖にレーザービームを照射する実験は無理である。結局、文科省は、JAXAによって宇宙からの太陽光でも、水素を獲得できることを認識しただけに終わった。

しかしながら、この方法による水素ガスの獲得方法は、どこの国も行っていない。というよりも他国では技術ができていないのである。

現在の日本の電力は、天然ガス37%、石炭31%、石油6%、水力7%、太陽光6%、バイオ2%、風力0・7%、地熱0・3%となっている。

これを、原発2%、太陽光パネル2%、アンモニアからの発電70%、火力10%、宇宙からの発電6%、水力5%、バイオ4%、風力1%、とするのが妥当のように思う。

アンモニア発電が大量の電力を生み出すのであれば、これらの余剰電力を、日本列島の日本海側の地域に重点的に配分することが可能である。冬季の日本海側地域は「豪雪や寒気」をもたらす寒冷前線のために、12月から3月までは鉄道、道路、家屋、工場も、ほとんど活動がストップするか、鈍ってしまう。

このため、日本海側の市町村人口は減少を続けており、日本の人口減少の大きな要因となっている。そして日本海側の人口減少は、かつての「北前文化」をはじめとする様々な貴重な日本海文化さえも消滅させつつあるのである。

それゆえ、レーザー発電やアンモニア発電が実用化すれば、日本海沿岸を走る新幹線はもとより、一般道路・高速道路の全てに融雪電線を設置し、さらに学校や一般家庭の屋根にも融雪電線を敷けば、冬季の降雪期間であっても雪のない快適な生活を過ごすことができよう。

さらに現在、積水化学やパナソニックなど日本企業が開発したものに、「ペロブスカイト」と呼ばれる太陽電池がある。これは従来の太陽電池パネルに比べて「薄い、軽い、曲げられる」もので、壁などに貼り付けておけば太陽から電気を得ることができる。東京都は積水化学と共同でペロブスカイトの実用化を狙っているが、それは7年後を目途としている。もっと研究開発費を投入すれば2～3年で実用化するであろう。

この技術が完成した場合には、政府の費用で日本海側の家屋の全てに融雪装置として、ペロブスカイトを設置する必要がある。いずれの技術開発も、生成ＡＩやChatGPTの技術を使用すれば、労働生産性も大いに上がるであろう。

もう1つ、太陽光を発電に利用する方法がある。それはフランスの会社が開発したもので、舗装道路上に設置して直射日光から電力を得る「WATWAY」というもの。これも面白いアイデアである。

また、日本のみならず各国が力を入れて開発している電気に「核融合発電（ＩＴＥＲ）」がある。核融合発電は、原子核を融合させることによって発電を行う技術で、先進各国が凌ぎを削って開発を進めている技術である。

2 陸・海・空3種のエンジンに使用できる液体水素燃料

日本でEV（電気自動車）が普及しなかったわけ

日本におけるEV車の普及率は、欧米や中国に比べると極めて低い。２０２２年における普及率の比較では、日本が2%であるのに対して、米国は5・8%、欧州は12%、中国は21%となっている。日本でEVが普及していないのは、いくつかの理由があるが、最も大きな理由として、自宅やマンションでの普通充電が普及しなかったことがある。特にマンションや月極駐車場での普通充電設備ができていなかったことが大きい。普通充電は8時間から10時間かかるが、これがガソリンスタンドでの給油時間と比較されたことで、EVを敬遠する風潮が形成されてしまった。

またマンションに居住する人が、充電設備を設置しようとする場合、管理組合の同意がないとできないが、居住者の認識もEVには急速充電があることが分からず、敷地内に8時間もの充電設備を設置することの煩わしさの方だけを見ていたことが、日本でのEVの普及を遅らせる元にもなっていた。

しかしながら、日本のEVは欧米や中国と違うのは、自宅にEVを持っていれば、なんらかの事故で停電などが起きた場合、EVから家庭に電力を供給する「V to H（ヴィークル・トゥ・ホーム）」技術が完成している点である。台風や地震などで家庭内の電気が消えた場合でも、EVから電気を得ることができるので、室内にある電灯、冷蔵庫、空調などの利用を続けることができる。この技術は欧米や中国にはないものだ。

エンジン業界を救う「液体水素燃料」

日本の自動車業界が、電池自動車へと一気に切り替えることをしない最大の理由は、自動車産業に従事する労働者の問題があるからである。それはエンジンを使用する自動車の〔製造部門〕に従事する就業者数は、２０２０年現在、製造部門で９１２万人、ガスステーションなどの〔関連部門〕に34万５０００人、そして運送などの〔利用部門〕に２７０万人が就業しているからである。トータルすれば１２１６万人にものぼるのである。

さらに、エンジンを利用することの必要性は、ＣＯＰ28で示された途上国側の論理にも合致しているからでもある。ＣＯＰ28では「温室効果ガスを削減」するために、世界的な取り組みとして8項目が列挙されたが、そのうちの1つが「化石燃料」からの移行であった。

残りは、エネルギー効率の改善率を2倍に、ゼロ・低排出技術、再エネルギー、原子力の活用、炭素回収技術・利用・貯蔵の導入、低排出自動車の導入などであった。ところが、日本では「化石燃料からの脱却」だけが大きく取り上げられる報道が多かった。

途上国側の主張も大きかったが、日本では無視される傾向にあった。すなわち「化石燃料を使って豊かになった先進国が、温暖化を防ぐことを理由に、自分たち（途上国）の化石燃料の理由に文句をつけるのは、エコ植民地主義だ」と不満をぶつけている。

それゆえ、日本が石炭とアンモニアを利用して水素を作り出す技術等は、途上国の論理を代表するもので、決して身勝手なものではない。

石炭とアンモニアの燃焼で電力を得ることができ、そこから確実に水素ガスを獲得できれば、これを「液体水素燃料」へと変えることができるだけでなく、既存の乗用車、バス、飛行機、船舶、工場、ロボット、などのエンジンにも利用できることになる。もっとも、その場合のエンジンは新たな開発が必要であるが、すでに2022年4月に、国土交通省を中心に官民協議会が発足し、水素燃料と新たなエンジンの開発に向けて、計画が進行している。

水素燃料に関しては、世界各国で開発が進んでいる。日本の場合は「水素基本戦略」を2017年に立ち上げ、8000億円を投入している。米国の計画では2030年までに年間1000万t、2050年までに5000万tに拡大している。英国は、430億円を投資しているが、中国は2025年に水素の製造を年間10~20万tに、韓国は2040年に、526万tの生産を目指している。

一方、ドイツが2017年頃に開発した「e-fuel」がある。これは水素と二酸化炭素を混ぜてできた合成燃料で「炭化水素鎖」と言う。この燃料はエンジン搭載自動車に使用できるし、改良を加えれば航空機や船舶などのエンジンにも使用が可能である。欠点は高額なことで、普及するにはもう少しの工夫が必要である。

またアンモニア発電によって、液体水素が開発・利用できるならば、自動車等は新たなエンジンを開発するだけでよいので、１２００万人以上に及ぶ就業者たちは、職を失うことなく働き続けることができる。液体水素燃料は、自動車のみならず各種船舶や航空機にも利用できることになるから、船舶も電気用エンジンに代える必要はない。

しかも、世界中の国々を走る自動車は、依然としてエンジン車が圧倒的に多く、中東諸国からの石油に依存している。そのため、エンジンに使用できる「液体水素燃料」が届けば、電気自動車に変える必要がないので、日本に感謝して大量に購入するであろう。

すでに２０２２年8月に、トヨタ自動車の豊田章男社長（当時）は、ベルギーで開催された世界ラリー選手権で、「水素燃料で動く水素エンジン車」のデモ走行を行っている。

ＥＶ（電気自動車）の普及・発展は、自動車エンジンの開発だけでなく、航空機や船舶などのエンジン開発もスローとなり兼ねない。

3 「完全自動翻訳機」は国際ビジネスを推進

英語優先の国際社会はおかしい

いずれのプロジェクトも完成すれば、ただちに海外への輸出のみならず、国際社会が利用することになるため、輸出を担当するビジネスマンは外国人に説明しなければならない。だが観光資源の項で説明したように、日本が100カ国の原語を翻訳し、会話のできる「完全自動翻訳機」を開発すればいいのである。言うまでもなく、日本人ほど外国語に苦労してきた民族はいないからである。

日本では、小学校から大学まで「英語」は必修科目とされているが、この英語のために、日本人はいかに多くの無駄なエネルギーを割いてきたことか。語学というものは、学校で習うものではないのである。

現在、翻訳機として「ポケトーク」が海外旅行に出かける人々の間で人気を博していて、すでに100万台以上が販売されている。島国の日本が異民族の侵入を許さずに2000年以上にわたって孤立状態を守ってきたことは、長い間の平和を維持できたことを証明しているが、一方で、日本人に危機管理や安全保障思考を乏しくさせてきただけでなく、言語の上で異民族とのコミュニケーションを著しく欠くことにもなってきた。

それゆえ、日本がこれまで以上に、国際社会に打って出るにはあらゆる外国人と自由に会話ができることが必須の条件なのである。

しかも世界には１９５カ国と80億人が住んでいて、１００以上の言語を使って生活をしている。特に英語は世界人口の40％以上が話すことができると言われて、ビジネスの現場や外交の舞台で使用されている。だが、英語を母国語とする民族同士は完璧なコミュニケーションができるが、それ以外の国の人々にとっては、完全に理解できていないのである。物の売り買いでの交渉や、国連総会で自国の主張を言う時は、基本的には英語や仏語でなければならない。これでは、真の理解を相手に求めるのは難しいのである。

米国主導の国際社会では、英語が世界共通原語として利用されているし、英語と同様にラテン語やギリシア語を語源とするヨーロッパ人にとっては、第2外国語としての英語は、極めて簡単かつ容易である。このため、国際社会では英語がコミュニケーション言語として、認められているので、英米人はもとより他の欧州言語を話す人々にとっても、「自動翻訳機」の開発など不要と考えている。

つまり、英米人は英語以外の言語を母国語とする民族のことを、考えようとしていない。それどころか、米欧以外の言語を話す民族は、国際ビジネスを行う時には「英語」を使えばいいと考えているのである。

では、完全自動翻訳機は実現できるのであろうか。答えはイエスである。現在インターネットをはじめとする情報通信の世界は「5G」である。だが、幸いなことに10年後には6Gの時代へと移行していくと思われる。現在は即時双方向で会話ができる状態にはなっていないが、生成AIやChatGPT等を使うことで、実現は早まるであろう。

「ポケトーク」が日本人海外旅行者に人気が出たのも当然であるが、欧米諸国をはじめとする大陸諸国では、翻訳機など必要としないから、日本が開発を始める「完全自動翻訳機」などには興味がない。

100カ国の外国人と原語で瞬時に会話ができ、人種偏見をなくす

プロジェクトが目指す「完全自動翻訳機」とは、日本人が一台だけ持てば、相手が母国語で話しかけてきても、瞬時に日本語に訳されて耳に入ってくるし、日本人が相手に日本語で問いかけても、瞬時に相手の母国語で伝わるという装置である。

この装置を持っていれば、外国人と瞬間的に「話し、聞き、話す」機能があるので、時間的な差を生ずることなく、双方が意思疎通を図ることができる。対話者の一人だけが持っていても、コミュニケーションができるから、外国人がこの装置を持っていなくても、原語での会話は成立する。もちろん、対話者がそれぞれこの装置を保有していれば、会話は完璧に成立するので、できれば一人一台を持っていることが望ましい。

この装置に入っている言語は１００カ国ほど。かなりの専門的な用語も入っているので、挨拶や日常会話、観光旅行だけでなく、国際ビジネス、国際政治、外交、防衛、科学技術、警察、医療、教育、裁判、法律、歴史、文化、緊急時などに使用できる。

日本人や外国人が相互の言語で話すことができれば、相手の文化を理解することができよう。例えば、欧米白人は相手と話す時、相手の目をズッーと見詰めたままである。目を逸らすことは虚偽のためと理解するからである。ところが日本文化では相手の目を長く見つめることは失礼とされているが、ほとんどの日本人は欧米人にそうした日本文化を説明できないでいる。

また、欧米人はファーストネームで呼ぶことで親しみを増すが、日本では苗字に「さん」を付けて呼び、ファーストネームで呼ぶことは失礼に当たる。だが、欧米人は日本の習慣を知らない。それゆえ、完全自動翻訳機は、これまで日本人があえて訂正しなかった日本文化を、10

歳の子供でも80歳の老人でもきちんと相手に伝えることができるようになる。

また、挨拶の仕方も欧米ではお互いに抱き合うが、日本では頭を下げることが挨拶であり、礼儀であるとなっている。欧米人は日本人の頭を下げることが、相手への尊敬を込める挨拶方法とは理解していない。だが、これも完全自動翻訳機で説明できよう。

上に挙げた事例は一例で、欧米人だけでなく、アジア人やアフリカ人なども相互に間違ったままでコミュニケートしていることがたくさんあろう。双方の誤解を解く上で、完全自動翻訳機は双方に真実を伝える役割を果たしてくれよう。

外交における言語上の失敗は国家の恥となる

スイスの人材ランキングで、日本人の語学力は63カ国のうち、62位である。だが、完全自動翻訳装置が完成すれば、日本人の語学力はナンバー1になるに違いない。

また、地球上では様々な場所で紛争が起きているが、言語が異なるために双方のコミュニケーションがうまく成り立たず、軍事紛争へと発展してしまう場合が往々にしてある。そうした言語上の行き違いをなくすためにも、双方向の完全自動翻訳装置は絶対に必要であり、いわば平和を招来する道具にもなるのである。

かつて国連のある部会で、日本人外交官が説明を始めたが、会場で聞いていた各国の外交官は、日本人の説明が趣旨と違うとしてヒソヒソ話を始めたために、会場内がうるさくなった。これに怒った日本人外交官は、「あんたたち、ウルサイ、静かにしてくれ」と言うつもりで、「Hey You, Shut it up! Be Quiet」と怒鳴った。

ところが、この英語の意味は「おい、テメーら、静かにしろ！」の意味であるから、驚き呆れた外交官の多くが席を立って会場から出ていった。実際はもっと軟らかく、「Would you be kind enough to be Quiet, Please?」とやればよかったのである。完全自動翻訳機ならば、即座に失礼のない言い方を発したであろう。

日本が行う国連外交や二国間外交において、常に米国や欧州諸国などの姿勢に追随するような外交政策しか出せないのは、語学上の問題があるのではと危惧(きぐ)する次第である。もしも、「英語」がネックとなっているのであれば、完全自動翻訳機を使用すれば、明快な日本語で相手と対等に渡り合えるのである。もちろん、ビジネスにおいても然りである。

4 世界一になる外国人観光客の数

日本文明と文化に世界の目が集まる

日本文明が、古代欧州文明や古代中国文明とは異質で離れていても、彼らとは全く異なる文明を創り出し、しかもその文明が現代の日本に継承されていることが、従来の文明とは大きく異なるため、諸外国では計りしれない魅力を感じるからであろう。

ピラミッドや万里の長城、ローマ水道などは、歴史の遺産として残ってはいても、現代では活用されていない。だが、日本文明は発生した時期こそ遅いが、21世紀の現代においても、連綿として伝わっているのである。それが諸々の技術であり、サムライ精神などである。

騎士道の廃(すた)れた欧州の人たちにとって、日本はサムライ文化の国であるにもかかわらず、技術面では最先端技術を誇る米国と肩を並べる技術大国であり、なおかつピストルのない平和で安全な社会であることが、大きな魅力となっている。唯一、難しい言語である日本語だけがコミュニケーション上の障害であった。

日本の封建時代は、小さな4つの島に260もの国家が存立していた世界でも珍しい国である。徳川幕藩体制の下、２６０もの大名が支配した国家の下では様々な文化ができ上がり、21世紀の現代においても、貴重な文化的遺産を見て楽しむことができるのである。

例えば、日本全国には観光にもなる神社仏閣が15万８０００ほどあるが、これは全国にあるコンビニの５万６０００店の約3倍もあって、様々な文化を発信しているのである。また全国の「お祭り」は１２００以上もあって、祭礼に繰り出す人々の数は集計できないほどである。一神教の国々では、キリストやアラーなど教祖や神を祀ったりする祭りはあるが、庶民自体の祭りはない。

観光収入という観点からは、後述する「巨大宇宙船」と「潜水貨物船」からの収入も、さらに国庫に積み増しされるであろう。

今、世界の人たちの目が日本文明に目を向けているのは、日本を除く世界で常識となっていることが間違いであることに気が付き始めているからである。例えば「銃社会」である。現在、世界の多くの国では、銃を合法的に入手ができるが、日本は禁止されている。

また、大火事、大地震、大型台風、大洪水などによって、街に大惨事が襲った場合、被害に遭わなかった者が被災地に入って、住居の中から金目の物を盗み出す略奪行為は、日本社会を除く世界ではよく起こっている。ともあれ、外国人が日本へ来れば、銃のない安全な国であることを認識するであろう。

プロジェクト推進前からブームとなる観光資源

日本は「世界8大文明の1つ」とまで評価されている国であるが、日本の文化を見るために訪れる外国人観光客の数は、他国から比べると極めて少なかった。

そのわけは、日本は従来、来日する外国人観光旅行客に対しては、あまり関心を持って見ていなかったのである。その1つの理由は、日本は欧州諸国や米国、中国などのように歴史的遺産や観光名所を持っているとは思っていなかったからである。このため、2000年代のはじめにおいては、世界の観光大国であるフランスが年間8600万人、スペインが8100万人、米国7694万人、中国6074万人、イタリア5825万人と続くが、日本は21位の400万人ほどであった。

ところが2010年代に安倍晋三政権の時代になると、観光業の重要性に目覚めて諸々の対策を打ち始めた。その結果、日本への外国人観光客も次第に増えるとともに、観光収入も上昇し始め、2017年度には日本の観光収入は、世界第7位となったのである。

ちなみに、2019年の観光収入のトップは、米国で、2141億ドル、2位スペイン

797億ドル、3位フランス638億ドル、4位タイ605億ドル、5位英国527億ドル、6位イタリア527億ドル、7位日本460・54億ドル、8位豪州457億ドル、9位ドイツ416億ドル、10位マカオ（中国）395億ドルであった。

コロナ禍がほぼ終息してきた2022年度の訪日観光客の数は、3832万人である。欧米の人たちが日本観光に目を向け始めたのは、先端技術製品を生産する国家でありながら、世界の8大文明発祥の地という認識が強くなってきたからである。

歴史家のハンチントンやトインビーなどは、かなり以前から日本を古代文明国の1つとする認識を抱いていたが、メディアの発達によって、漸く欧米などで理解されるようになったことが影響している。

ちなみに、米国の大手旅行雑誌『コンデナスト　トラベラー（Conde Nast Traveler）』が2023年10月に、【世界で最も行きたい国】のトップは「日本」、以下2位イタリア、3位ギリシア、4位アイルランド、5位ニュージーランド、6位スペイン、7位ポルトガル、8位イスラエル、9位ノルウェー、10位スイスの順番であった。

日本を訪れる外国人観光客が少なかったり、二度目の訪日をしない理由を探ってみると、文化財は展示されているが、例えば文化財である絵画を支える周辺の枠が破損していたり、文化財を収納している古い建物の門や廊下、あるいは畳のヘリがささくれ立っていたりしていることで、がっかりしてしまうというものが多かった。城に関しても、単に名前だけが示されているだけで、歴史的由来などの説明は全くなされていない。

さらに重要なことは、歴史的文化財や建造物の説明が日本語だけ。たまに英語訳があるが、極めて簡単で、なぜこうした文化財が作られたのかの説明がないから、ただ茶碗だけ、扇子だけ、襖だけを英訳しているだけである。つまり語学ガイドがまずいないということである。

日本を訪れる外国人観光客が少ないのは、「文化財に対して細かな補修と、細かな説明や質問をこなせるガイドがいない」ことに集約される。さらに、2010年代までの観光庁による、文化財への補修費は「80億円」ほど、欧米諸国では「500~1000億円」を拠出して、文化財の補修を行っている。日本は2022年になって、漸く補修費を480億円に引き上げているが、それでも少ない。さらに、外国語で説明できるガイドの数も極めて少ない。

完全自動翻訳機があれば、完璧なガイドが務まる

こうした「文化」をキチンと説明できるガイドがいないと、せっかく訪れた外国人にはチンプンカンプンで、来日した意味がない。しかも和食や郷土料理、あるいは琴、三味線、落語な

どは、外国人観光客が直接触れる現場に、外国語のできるガイドがいなければならないが、現時点では、あらゆる文化を外国語で説明できるガイドなどいない。

以下に具体的に日本文化を挙げてみるが、訪日外国人の立場に立てば、納得のいく説明がほしいのは当然である。

つまり、世界中の人々は、サムライの国、スシ・テンプラの国と思っている日本が、巨大宇宙船や潜水貨物船を製造・運用していることに、大いなる興味を持つために、金持ちのみならず、一般人たちも必ず観光旅行先の一番目に、日本を選択するはずである。そして、何度も日本を訪れて日本と日本人を深く知りたいと思うに違いない。なぜなら、あまりにもたくさんの文化があるので、20回以上の訪日でも理解できないほどだからである。

さて、2013年12月に、「和食」がユネスコ無形文化遺産に登録された。ユネスコは和食に4つの特徴があるとして評価したが、それらは、①多様で新鮮な食材とその持ち味の尊重、②健康的な食生活を支える栄養バランス、③自然の美しさや季節の移ろいの表現、④正月などの年中行事との密接な関わり、などである。

さて日本文化を、外国人が納得するように、丁寧かつ詳細な説明できるガイドはどのくらいいるであろうか。2023年4月1日現在、観光ガイド（国家通訳案内士）の数は2万7277

人で、国語の種類は、英語、仏語、独語、イタリア語、スペイン語、ポルトガル語、ロシア語、中国語、韓国語、タイ語の10カ国語である。

もちろん、先に挙げた文化の全てを説明している時間はないから、説明できなかった分は二度三度と来日した時に説明してあげることになろう。その意味でも最初の時の説明が重要である。

もちろん、外国人観光客に彼らが納得する説明をするためには、事前によく調べておかなければならないし、また、ただ直訳するのではなく、ユーモアを交えた説明を工夫しておくことも重要である。ガイドの説明がよければ外国人は、次回も必ず訪日するであろう。

現在、外国人観光客が年間、最も多く訪れのはフランスで８６００万人であるが、日本が完全自動翻訳機を無料で貸し出すサービスを始めれば、年間、数億人が日本を訪れるであろう。

第3章 物流・サービス・AIの開発が莫大な外貨を日本にもたらす

7 新物流は宇宙と海洋を活性化する

1 巨大宇宙戦「ヤマト」が実現する

宇宙船の地球帰還技術は日本しか持っていない

ところで、宇宙船が地球に帰還する際に、地球の空気層を通過しなければならないが、その時の摩擦熱は1700℃ほどで、4分間ほど高熱に耐えなければならない。この1700℃以上の高熱に耐える技術は、日本しか保有していない。今こそ、日本は巨大宇宙船を造るチャンスなのである。

欧・米・ロ・中などが、旅客機型あるいは艦艇型の宇宙船を造ることができないのは、この大気圏再突入を安全に通過できないからである。

日本の小惑星探査機「ハヤブサ1号機」が、2010年6月13日、7年あまりの旅を終えて、

60億km彼方の宇宙から地球へ帰還してきた時、燃料を使い果たしたため、大気圏再突入の際に、安全と言われる1700℃の高熱で済む角度からの突入ができなかった。突入角度のコントロールが利かなかった「ハヤブサ」は、4分間にわたって3000℃の高熱域に突入したのだが、なんとこの高温に耐えて、豪州のウーメラ砂漠に指定した地点から、わずか700m離れた場所に無事着陸したのである。

NASAをはじめ宇宙開発国の全てが驚いたことは言うまでもない。つまり日本には、3000℃の高熱にも耐える航空機素材があるので、これを主翼や尾翼、さらに胴体部分に貼り付けるか、あるいは一体化できるようにしておけば、宇宙船を建造できるのである。つまり、日本は旅客機型や艦艇型の構造と、地球帰還の技術をすでに習得しているのである。日本は一刻も早く、艦艇型または旅客機型の巨大宇宙船の建造に取りかかるべきなのである。

宇宙先進国の米国やロシアが航空機型や艦艇型をした宇宙船を建造できないのは、宇宙から地球へ帰還する再突入の際の技術がないからである。もちろん、生成AIやChatGPTの活用は論を俟(ま)たない。

スクラムジェットエンジンが宇宙船を実現させる

周知のように、現在の宇宙開発は、人工衛星を飛ばして惑星や恒星、あるいは電波星やX線星などを調査する他に、巨大ロケットを利用して宇宙飛行士や、各種物資を宇宙ステーションへ運搬して各種実験を行っている。

ただし、1962年にソ連のロケットが、ガガーリン少佐を世界で初めて宇宙空間へ運んで以来61年が経つが、相変わらず宇宙空間へ人間を運ぶのは、ロケットの先端に飛行士を乗せたカプセルで行っている。

だが、実をいえばロケットの先端部に人を乗せるなどは危険極まりない行為なのである。なぜならカプセルをロケットの先端部に乗せるのは、言ってみればピストルやライフルの弾丸の先にカプセルを乗せるのと同じだからである。

イーロン・マスク氏所有の「スペースX社」は、100人の乗客を巨大カプセルに乗せて月や火星に出かけるとして、「スターシップ」を開発し、2023年4月と11月にテキサスから実験機を打ち上げた。だが打ち上げから4分後に大爆発を起こし、ロケットもスターシップも破壊してしまった。「スターシップ」の大きさは全長50m、直径9m、100人乗りで、「スーパーヘビーロケット」の頭部に乗せて打ち上げたもので、全長は120mであった。結局、人間を乗せたカプセルをロケットの先端部に乗せるのは、危険極まりないことなのである。

人間が宇宙に飛び出して以来60年以上経つが、人類は旅客機型宇宙船を開発できていない。なぜ、旅客機型宇宙船を建造できないのであろうか。それは翼のある旅客機型宇宙船を宇宙空間まで押し上げるエンジンと燃料が開発できなかったことと、帰還時に地球の大気圏再突入の際に発生する、1700℃以上の高温に耐える材料が見つかっていないからである。

ところが2000年に入ると、NASAとペンタゴンは地球の引力圏を脱出できる「スクラムジェットエンジン」を開発した。スクラムジェットエンジンとは、水素燃料と酸素燃料を混合して推力を出すエンジンであるが、これは現在の燃料式ロケットが採用している、水素燃料と酸素燃料との混合によって推力を得ている燃料方式と同じである。

ただし、スクラムジェットエンジンを起動させるには、地上10㎞に達してから点火する必要があるから、宇宙船を10㎞上空まで運ぶ輸送手段がなければならない。

ペンタゴンでは2004年にスクラムジェットエンジンを持つ9mの長さの実験機(戦闘機)を、輸送機に乗せて10㎞上空まで運び、その上でスクラムジェットエンジンに点火し、マッハ11・0まで出して宇宙空間の入り口まで到達した。

2019年にはノースロップグラマン社が開発したスクラムジェットエンジンの推力は、

1万3000ポンド（590kg）を出した。米国は、こうしたエンジンを大陸横断用旅客機や巡行ミサイル等に利用することを考えている。

一方、日本のJAXAは、2006年にスクラムジェットエンジンを備えた小型の翼を持つ飛行機を造り、地上10kmまで運搬するために、自衛隊輸送機の使用を申し出たが、軍用機のため使用できなかった。

そこで、ロケット先端部に実験機を乗せ、320km上空から降下してくる途中で、スクラムジェットエンジンを試みたが失敗してしまった。輸送機であれば、10km上空からなので成功したに違いない。あるいは研究開発費が潤沢であれば、何度も実験を繰り返すことができたであろう。結局、実験が失敗に終わっただけで、それ以上の開発はストップしたままである。研究開発費がないため、続けることができないのである。

空港から発進する巨大宇宙船の仕様は

スクラムジェットエンジンが新たな推進力として可能となったことで、旅客機型宇宙船の実現が可能となってきた。日本は、この旅客機型宇宙船の建造に、米国とともに最も近い距離にあるのである。

さてそこで、日本が建設する宇宙船の大きさは、宇宙貨物機「コウノトリ」の長さ10mを6倍にした60m、幅もコウノトリの9mより若干厚めの10mほどに設計すればよいであろう。

もちろん、はじめから60mを目指して建造する必要はなく、はじめは20m、次に40mといった具合に、徐々に大きくしていけばよいのである。ともあれ、全長60mの宇宙船が成功すれば、いずれは100m、200mと巨大化が可能となる。ともあれ、現時点で宇宙船の長さを60mとした場合、主翼に折り畳み可能な翼と尾翼を付け、主翼には6基のジェットエンジンを装着する。これは通常のジェット旅客機と同じで、飛行場の滑走路から発進するための装置である。

主翼にしても、地上から浮揚する場合に左右1つずつで不足する場合は、後部にもう1つずつ第2主翼を付ける工夫をしてもよいであろう。

ところで「巨大宇宙船」、別名「宇宙戦ヤマト」のように、270mもの長さの宇宙船であっても、呉市にある日本製鉄の設備は、戦艦大和（ヤマト）を建造した場所であるから、60mの巨大宇宙船を建造する場合にも、同設備を利用できる。

また、宇宙船の重量であるが、ジャンボジェット機の満載時重量は450t、エアバス380は550t、ロシアのアントノフ輸送機は満載時650tである。日本の宇宙船の重量は乗客たちを入れて、スクラムジェットエンジン6基（100t）と、イプシロンロケット4

基（360t）、またはH2Aロケットを内蔵するので合計すれば、500tほどになると考えられる。

あるいは、イプシロンロケットの代わりに、改造した「H3ロケット（260t）」を1基巨大宇宙船の下部に内蔵し、スクラムジェットエンジン（合計360t）を噴射したあとの、80km上空に達した時点で点火する方法もある。

「加速度」と「慣性の法則」を利用する巨大宇宙船

ともあれ、巨大宇宙船は飛行場を離陸して地上10kmに達すると、主翼や尾翼は折り畳まれて、宇宙船の胴体に収納される。

宇宙船は地上10kmの上空にマッハ1の速度で達すると、宇宙船の重量はほぼゼロに近くなるが、ジェットエンジンはそのまま空気層が薄くなる20km上空まで飛行を続ける能力がある。ただ10km上空からは、宇宙船の両サイドに設置した「スクラムジェットエンジン」12基を点火し、80km上空まで宇宙船を運び上げる。そして80km上空に達したら、宇宙船の胴体後部に装着した「H3ロケットエンジン」を点火する。

あるいは、イプシロンロケットの推力が強化されている場合は、4基ほどのイプシロンロケットを内蔵し、これを点火してもよいであろう。いずれにしても、この推力によって、宇宙船は数分のうちに宇宙空間に飛び出し、地球周回軌道や月面旅行へと出発ができる。

巨大宇宙船が宇宙空間に到達する推進力は、ジェットエンジン、スクラムジェットエンジン、H３ロケットエンジン（またはスクラムジェットエンジンやイプシロンロケット）であるが、いずれも「加速度」と「慣性の法則」を利用して、宇宙空間へ達するものである。

つまり地上から発進する巨大宇宙船の速度は、10km上空まではマッハ１、そこから80km上空まではスクラムジェットエンジンの噴射でマッハ６で地上80kmまで到達し、最後はイプシロンロケットの噴射でマッハ６を得れば、合計マッハ数が13となる。それゆえ巨大宇宙船が、地球の引力圏脱出速度である第１宇宙速度11km／secを、簡単に上回るので地球引力圏を突破できることになる。

機体は４００kmほどの宇宙空間へ到達するが、そこから地球の周回軌道に乗せたり、月や火星に向けて飛行を続けることになる。

ただし、巨大宇宙船の推力をスクラムジェットエンジンにするにせよ、H３ロケットにするにせよ、地上からジェットエンジンで離陸し、１０００mほど上昇してきた時点で、巨大宇宙船の上昇角度を90度に向けなければならない。

すなわち、1km上空に来た時点で機体角度を10度ずつ上にし、10km上空に達した時には、機体の姿勢は90度の真上を向いていなければならない。

つまり10km上空では、巨大宇宙船の機体は宇宙空間に向けて90度となっているので、スクラムジェットエンジンまたはH3ロケットエンジンを噴射すると、機体は宇宙空間に向けて真っすぐ上昇を始めるという次第。

現在の宇宙ビジネス市場は全世界で3840億ドル(58兆円)と言われるが、日本が巨大宇宙船を就航させれば、世界中がロケットで打ち上げる危険を避けて巨大宇宙船を利用するであろう。

しかも宇宙機材は極めてセンシティヴにできているため、ロケット打ち上げ場所で運搬するだけでも神経を使っている。

ところが日本の宇宙船は飛行場から発進できるので、衛星を宇宙へ打ち上げたい国の飛行場まで出かけて機材を積み込み、そこから宇宙へ発進ができるので、世界中から打ち上げ依頼がきて外貨獲得に大いに貢献することになる。

2027年には宇宙ビジネスは140兆円になると予測されている。

海上からも発進し着水もできる日本の巨大宇宙船

日本が建造する巨大宇宙船は、地上の滑走路から発進してもいいが、各地の港から出港して100kmほど先の海上に達したら、宇宙へ向けて水上から発進することもできる。また、帰還の際も地上が嵐に見舞われている場合は、波の静かな海上に着水をすればいい。

なぜなら、巨大宇宙船は、水上飛行艇が胴体下部や主翼の端に備え付けている「スプレー・ストップ（波消装置）」を装着し、また主翼の先端に収納式の「フロート」を装着しておけば、海上が荒れていても着水が可能だからである。

また、大きな湖があれば、湖上から宇宙へ発進できるし、帰還の際も湖を利用できる。海上が荒れ気味の場合には、湖からの離発進、着水も可能であるから、安全性の観点からも乗客は安心して利用できよう。

また将来、日本だけでなく、米国や欧州の都市や波止場から発進し、着水することを考えれば、宇宙船の胴体下部や主翼端に、波除用のスプレー・ストップやフロートを装着しておくべきである。

この装置は、宇宙船が10km上空に飛び上がったなら、主翼先端部に設置してあるフロートなどを船内や主翼内部に折り畳んでしまい込めばよく、帰還の際に海上や湖上を利用する際には、地球の再突入圏を突破した後に胴体や主翼から出せばいいことになる。

なお、巨大宇宙船の第1号の名称は言うまでもなく、「大和」であるべきで、第2号の名称は「武蔵」がいいと思うが、いかがであろうか。

ちなみに、宇宙旅行を楽しみたい客の料金は、100人を乗せて地球から国際宇宙ステーションまでの費用が、往復で一人当たり30億円を徴収することになる。また月までの往復と月での2日間滞在費は、一人当たり300億円を徴収するが、月までの長距離旅行の場合、宇宙船に乗せる乗客の人数は40人までである。理由は飛行士や料理人なども必要だからで、乗客は40人が限度である。

ところで、国際資産調査会社によれば、2023年現在、個人資産を3000万ドル（44億円）以上を保有する超金持ちは、世界全体で39万5070人もいるという。国別では米国が1位で約13万人、2位は中国で4万7000人、以下、3位ドイツ（1万9590人）、4位日本（1万4940人）、5位英国、6位カナダ、7位香港、8位フランス、9位イタリア、10位インド、といった順位となっている。彼らは、月での滞在を含めた宇宙旅行費300億円などは、すぐにも支払うことができよう。

また、巨大宇宙船が30隻ほど建造されて、余裕が出てきた場合は、宇宙ステーションまでは一人20億円、月までの往復旅行は２００億円と安くすれば、世界中から宇宙旅行者が集まってくるであろう。宇宙船の発射基地は、いずれも東北地方に設置するため、外国人旅行者は、新幹線で現地のホテルや旅館に滞在して、乗船を待つことになる。

また、月面にはいずれホテルも建設されるので、旅行者は月から地球や太陽を眺めることもできるようになる。しかも、月への往復旅行は宇宙旅行のほんの初期的なもので、やがて「火星」、「木星」、「土星」、「天王星」、「海王星」、「冥王星」へと延長されていくであろう。要するに、日本が巨大宇宙船を実用化すれば、世界の宇宙開発を独占してしまうに違いない。

巨大隕石の地球衝突は、今後も十分あり得る

実は巨大隕石（いんせき）が、２０２９年に地球に衝突すると最初に訴え出したのは、ブラジル人のジョセリーノという予言者で、彼は１９９０年代の終わり頃、何度も夢の中で巨大隕石が地球に衝突する夢を見たとして、ＮＡＳＡに何度も手紙を送って警告していた。

はじめは相手にしなかったＮＡＳＡも、あまりにしつこいので、望遠鏡で探査をしたところ、２００２年になって小惑星「アポフィス」の存在を発見したと言われている。

ＮＡＳＡはこの隕石の地球衝突の確率を当初４％と予測し、この隕石の名前を、古代エジプ

トの悪神である「アポフィス」と命名した。その後、衝突確率を2％と減少させ、現在ではまず衝突の危険はないとしている。

さらに、欧州宇宙機関（ＥＳＡ）においても、このアポフィスの存在を確認したが、地球に衝突する確率をＮＡＳＡ同様、４％から２％へと減じ、２０２２年時点では地球衝突は否定されている。

ＮＡＳＡとＥＳＡが詳細にわたって調べた結果、このアポフィスは直径が３２０ｍあり、地球に最も近づくのは、２０２９年4月13日の金曜日で、地球上空３万２０００㎞を通過することが判明した。

さらに、２０１７年に東京で世界天文学会の世界大会が開催され、万一、巨大隕石が地球軌道に接近して衝突の危険が出た場合は、いかに対応するかとの仮定の質問に対しては、学会出席者の多くが、米ソなどから核ミサイルを発射して、巨大隕石を粉々に砕くことが最適の選択であろうとの結論を出していた。

ただ素人考えからすると、静止衛星は地球上空３万６０００㎞に静止しているが、アポフィスは衛星よりも４０００㎞も地球に近い３万２０００㎞の軌道を、通過することになるのであるから、場合によっては地球引力に引き込まれる可能性があるのではと危惧する次第である。

そして、仮に直径３２０ｍのアポフィスが地球に衝突した場合、いかなる被害が出るかというと、地上に衝突した場合は北海道と同じ面積が完全に破壊され、島であれば消滅すると言われている。また、海上に落下した場合には、高さ１００ｍの高波が１０００km先まで到達すると予測されている。

現在の宇宙望遠鏡では、隕石の大きさが１５０ｍ以下の場合、発見することは難しく、１００ｍ規模の隕石であっても、衝突の１週間前でしか発見できないという。まして40ｍほどになると、３日前でしか発見できない。

２０１３年にロシアのチェリヤビンスクに落下した隕石の大きさは、約17ｍであったが、ロシアの湖に落下したため、人的被害はなかったが、建物や窓ガラスなどに損害を与え３０００億円の被害を出している。ただ、この時の隕石の発見は、地球衝突の３日前であった。

さらに２０２３年７月13日に、60ｍの大きさの小惑星「２０２３ＮＴＩ」が、地球から月までの４分の１の距離（約９万km）の地点を、時速８万６０００kmで通過したが、その事実を掴んだのは南アフリカの望遠鏡で、小天体が通過してから２日後のことであった。

また２０２３年９月はじめに、地球から２００〜５００万kmほど離れた所を、５つの小天体が通過したと国際宇宙機関が発表している。大きさは飛行機やバスと同じくらいとのことである。

さらにNASAは、直径525mの小惑星「ベンヌ」が、2182年9月24日に地球に衝突する可能性があり、その確率は0・057%であると発表している。ベンヌが地球に衝突した場合のエネルギーは、TNT火薬11億tに相当すると言う。

宇宙戦「ヤマト」や「ムサシ」ならば巨大隕石の地球衝突を防げる

それゆえ、150mほどの大きさの隕石の発見が1週間以内であった場合は、これを破壊するために核ミサイルロケットを発射するしか方法はない。だが、その場合は破壊された無数の巨大岩石が地上に落下する上、放射能被害も地球上の全てに及ぼす可能性も否定できない。

そこで活躍しなければならないのが、レーザー砲を搭載した日本の「宇宙戦ヤマト」や「ムサシ」である。150mの大きさの隕石の地球衝突を回避する方法は、まずヤマトの内部に、推進用のイプシロンロケットとは別に、2基の「イプシロンロケット」を積載して地球を発進させる。

そして巨大隕石が地球から80万km（地球から月までは38万km）付近に近づいた地点で、巨大隕石の岩の上にヤマトが着陸し、2基のイプシロンロケットを、地球の方向とは20〜30度右方向に変えて固定した上で、ヤマトは巨大隕石を離れ、設置したイプシロンロケットに点火する。
かくして巨大隕石は、地球とは30度外れた方向へと飛んで行き、地球衝突は回避されること
となる。１５０ｍの大きさの巨大隕石を地球軌道から外す方法が成功すれば、将来の天体衝突
の危惧はなくなり、日本は世界中から感謝されることになろう。
もっとも、ＮＡＳＡは２０２２年９月28日に、１６０ｍの大きさの小天体（隕石）「ディモ
ルフォス」に、探査機「ＤＡＲＴ」を衝突させ、地球軌道から外すテストに成功したと発表した。
ただ、地球の近くを通過する１５０ｍ以下の小天体は、２万５０００個ほどあるが、望遠鏡
では捉えることができず、地球に迫る１週間ほど前に突然レーダー上に出現することが予測さ
れている。１週間前での出現では核兵器で爆破するしか、衝突を防ぐことはできない。それゆえ、
日本は人類のためにも一刻も早く宇宙戦「ヤマト」や「ムサシ」を、完成させなければならない。

2 世界中どこでも30分で行ける旅客機

現時点における宇宙船の宇宙空間における推進力は、原子力エンジンに依存する必要があるが、幸いなことに2014年に筑波にある「エネルギー研究所」が超小型の原子炉を開発しているので、新たなエンジンが開発されるまでは、宇宙船が宇宙空間を飛翔する際には、原子力エンジンが主流を占めるであろう。

ともあれ、現行の宇宙船に話を戻すと、宇宙空間を飛翔する巨大宇宙船の中では、現時点では重力を自ら創り出すことはできないから、ISSの中では地上を歩くようなわけにはいかない。だが、宇宙船の中で地上と同じく、立って歩ける装置が開発されたのである。

宇宙空間で重力状態を作り出した日本とアメリカ

この技術は米国のマサチュセッツ工科大学が3m大の円盤を使って重力状態を実現したが、日本のJAXAも28cmの装置で成功している。

いずれにしても、長さ100mの宇宙船には、200人ほどが乗船できるが、豪華なホテルとして使用する場合は、40人ばかりの乗客に絞り、豪華な食事や寝室など至れり尽くせりの宇宙船になる。もちろん、宇宙船内では重力が働くので、地上にいる時と全く変わらない。

この重力状態を作り出すことができれば、巨大宇宙船内の移動はもとより、ソファに腰かけて飲み食いができるだけでなく、大小便もＩＳＳが行っているようにチューブに吸収させる必要もなく、日本式の水洗トイレの利用が可能であるし、風呂さえも入ることが可能となる。

また、現状のＩＳＳではシャワーさえも使えず濡れタオルで体を拭くだけであるが、重力を作れる巨大宇宙船は、シャワーも可能で宇宙旅行を快適に過ごせるであろう。もちろん、船内の空気は酸素を大量に吐き出す植物を積み込むことで解決されよう。こうした技術開発には、ChatGPTや生成ＡＩを活用することが必要である。

では、巨大宇宙船はどのくらいの数が必要であろうか？　巨大宇宙船は、太陽系だけでなく、冥王星を超えた深宇宙への調査を行わなければならないから、研究用に10隻ほど必要である。さらに国際宇宙ステーションや、月面や火星面に基地の建設分として10隻、そして宇宙観光用に10隻、緊急用として5隻、合計で35隻必要である。

もっとも、火星までの宇宙旅行を希望する者が大量に出てきた場合には、月と火星の間に２週間ほど滞在できる宇宙ステーションを建設した上で、観光に特化した巨大宇宙船を建造しなければならないであろう。無論、その場合の旅費は安く見積もっても一人当たり２０００億円を軽くオーバーするはずである。

また、火星や木星などへの長期旅行の場合は、宇宙船内部に設置した原子炉と原子力エンジンで推力を得る必要がある。その意味でも、原子力の研究開発や、原子力発電の利用を止めるべきではない。近い将来には「反物質推進装置」によって超高速を得られる時代が到来するかもしれないが……。

極超音速旅客機としても利用が可能に

ところで、日本の巨大宇宙船は宇宙空間へと飛び出るが、地球上で旅客機としての利用も可能である。宇宙空間へ飛び出してしまえば、日本から最も遠く離れた地、例えばアルゼンチンのブエノスアイレスや、ブラジルのリオデジャネイロへ、あるいは南アフリカのケープタウンまで、わずか30分ほどで到着することが可能となる。もちろん、ワシントンまでは30分以内で行ける。

極超音速旅客機として利用する場合の発進手順は、宇宙船と同じである。旅客機としての巨大宇宙船は、重量は300tほどの上に、最も重力のある地上からの発進を、翼を使って10km上空まで飛翔してしまうため、燃料は5分間ほどを飛翔するためのスクラムジェットエンジンとジェットエンジン用だけである。

極超音速旅客機を利用して世界のどこへでも30分で到達するというアイデアと計画は、米欧中などが早くから持っていたが、大気圏再突入問題が解決できていないため、暗礁に乗り上げたままである。それゆえ日本だけが、この技術を持っているので、他国に盗まれないよう、十分に気をつけなければならない。

つまり宇宙船と同様、極超音速旅客機も宇宙空間から大気圏に再突入しなければならないが、その際の技術は現在までのところ、日本しか保有していないから、今がチャンスなのである。

また、目的地の空港に着いて乗客を降ろしたあと、帰還用の「ジェットエンジン燃料（液体水素ガス）、スクラムジェットエンジン用燃料、イプシロンロケット用燃料を積載する必要もある。

「スペースジェット」から撤退した「三菱航空機」こそ開発主体となるべし

この極超音速の旅客機が実現したら、ビジネス用、外交用、旅行用として世界中から需要が殺到するであろう。すなわち、日本の航空会社は計りしれないほど巨額の外貨を稼ぐことになる。このスーパー旅客機の建造は、「スペースジェット」の建造から撤退せざるを得なかった三菱航空グループこそ、この巨大宇宙船から転用する「極超音速旅客機」を建造してほしいと思うし、できるはずである。理由は以下の経緯があるからである。

2023年1月、三菱重工業は国産初となるジェット旅客機「スペースジェット」の開発停止を発表した。スペースジェットは、2008年に開発をスタートさせ2015年に名古屋空港から初飛行を行った。ところが、米国での飛行試験などで何度も欠陥が指摘され、すでに受注していた国内外航空会社への納期をたびたび遅延させてきた。

国産初のジェット旅客機への期待から、経産省も500億円の支援をしてきたが、他国のジェット旅客機メーカーと肩を並べる技術が不足しているとして、たびたび完成が遅れていた。しかも旅客機として完成させるには、さらに1000億円の投資が必要であるとして、三菱は開発続行を諦めた。

だが、実のところはジェット旅客機の開発費があまりにもお粗末な金額であったことが、最大の原因である。一企業としてはジェット旅客機の開発だけに1000億円を超える費用は困難である。それゆえ、政府は500億円の支援を行ったが、これはあまりにも少な過ぎる。少なくとも5000億円ほど支援すれば、確実に成功したであろう。

なぜなら、三菱にはジェット旅客機建造の技術が十分にあったからである。すなわち、1986年に航空自衛隊の次期支援戦闘機の設計において、三菱が設計した戦闘機は、ペンタゴンをして、これは「新・ゼロ戦」だと驚かせ、日本単独での建造を禁止されたほど、優秀な技術を保有していたからである。だから、三菱重工にジェット旅客機を造れないわけがない。

すでにホンダは、小型のビジネスジェット機「ホンダジェット」を、国際市場で5年連続首位の販売を続けている。

ジェット旅客機が駄目なら、「巨大宇宙船」の建造に全力を入れてほしいし、特に「三菱飛行機」は巨大宇宙船を「極超音速宇宙旅客機」として完成させてほしいと思うのは筆者だけではなかろう。もちろん、これらの建造には、三菱のみならずホンダやスバルなどの航空機メーカーも、協力するであろうし、開発費も年間3兆円が10年間も拠出（30兆円）されるからである。

極超音速の旅客機は、日本だけでなく米・欧・露そして中国なども計画をしているが、ネックとなっているのが、宇宙空間から地球の成層圏に突入する際の機体の強度である。空気圏に再突入しても機体を燃やさずに、無事に地球帰還させることができるのは日本だけなのである。彼らはこの問題をクリアしない限り、宇宙船も旅客機も実現は不可能なのである。

しかも現在ならば、生成AIやChatGPTの技術が使用されれば、確実かつ短期間に製造が可能である。

2024年の現在、東京から最も遠い距離にあるリオデジャネイロやブエノスアイレスへ行く場合には、米国などでの燃料補給のため、26〜30時間かかっている。だが、極超音速旅客機ならば30分で行くことが可能となる。その場合、太平洋上を飛び越えてもいいし、中国大陸から中東アフリカを経て大西洋を越えるルートを取ってもいいであろう。

2023年5月に、「G7会議」が広島で開催された。当初、国内問題のために参加を渋っていた米国のバイデン大統領は、結局参加することになったが、参加を渋ったのは日米間の往復に30時間費やされることも、高齢の大統領にとっては問題であった。だが、日本が開発する「極超音速宇宙旅客機（スペースジェット機）」ならば、東京―ワシントン間を30分ほどで結んでしまうので、日米間の首脳外交は頻繁に行われることになる。

真のスペースジェット機が開発されたならば、当初は200機程を製造し、日航や全日空で利用させるといいのではないだろうか。膨大な外貨が得られるであろう。いずれは1万機が必要となってくるのではなかろうか。

宇宙ゴミの除去は喫緊の課題

日本が巨大宇宙船を建造すれば、まず最初に日本専用の「宇宙ステーション」の建造が不可欠である。理由は、宇宙探査の研究・開発、宇宙旅行を楽しむ人たちを、宿泊させる役割もあるからである。

また、日本が開発する巨大宇宙船や極超音速旅客機は、宇宙空間を飛翔するのであるが、真っ先にしなければならないのは「宇宙ゴミ」の掃除である。国際宇宙機関によれば、2024年現在、宇宙には9000個の人工衛星が地球を回っており、地球の上空200kmから3000km以上の空間に、3000tを超える宇宙ゴミが地球を回っているという。

日本がレーザー砲を保有して、これを日本の宇宙ステーションに搭載できれば、これまで各国が打ち上げたロケットの破片や、故障して宇宙に漂う人工衛星などのゴミを除去することができるので、各国から感謝されるであろう。

さらに、軍事侵略や他国領域を犯す各種物体に対して、宇宙からレーザービームを照射することもできよう。

一方、宇宙開発にとって重要な役割を持つ「国際宇宙ステーション」は、建設から24年以上が経過したことで多くの修理箇所が増えた。このため新たなステーションの建設が計画されつつあった2022年7月に、ロシアが2024年でISSから撤退することを表明した。その原因の1つは、ウクライナへの軍事侵攻に対する、西側諸国の対ロシア経済制裁という政治的事情がある。

今後、宇宙開発の一環として進む月旅行や火星旅行の基地としての宇宙ステーションは、なくてはならない施設であり、建設資材の運搬にかつての「スペースシャトル」ほどの大きな運搬船が必要となっている。

宇宙空間に漂うゴミは、地球上空を猛スピードで回っているが、その速度は、秒速400m以上であり、ピストルの銃弾と同じ速さである。この宇宙ゴミが、人工衛星などに衝突して衛星機能をダメにしているケースが多くなっている。時には国際宇宙ステーションに衝突する危険が何回も起きているのである。宇宙飛行士がステーションを出て宇宙空間で仕事をしている時に、小さな人工衛星の破片が衝突したら、一瞬で宇宙服を破られたり、飛行士自身の命を奪うことになる。

実は、2014年にフランスが自国人工衛星の一部に、宇宙ゴミが衝突したために、電力機能が停止したことを受けて、危険な宇宙ゴミを破壊すべく、日本側にレーザービームを共同開発しようと要請してきた。日本側もこれを受けた。あれから9年が経つので、すでに完成していると思われるが、日本の場合は、憲法との兼ね合いで、「レーザー砲」とは言えない事情があるようである。

宇宙ゴミの回収は急がねばならないが、ステーションにレーザー砲を設置しておけば、

200km先の宇宙ゴミを発見し、レーザービームを照射して溶かすことが可能である。

3 北極海航路を開く巨大潜水貨物船

定時運航ができない海上輸送の難しさ

ところで世界経済は、1990年代以降自由貿易体制へと変わったにもかかわらず、【世界的物流構造】は1946年代のシステムが運用されたままである。

つまり船舶依存の物流は、航空輸送と違って〔気象状況・海洋状況、労働状況、疫病のパンデミック、港湾スト、軍事紛争状況〕等が大きく関わるために、20世紀のままの状態が続かざるを得ないという事情がある。

例えば、横浜から欧州諸港（ロンドン、リスボン、バルセロナ、マルセイユ、ルアーブル、アムステルダム、コペンハーゲン、ハンブルク、グダンスク、オスロ、コペンハーゲン、ストックホルム、ヘルシンキ、サンクトペテルブルグ）への貨物輸送は、インド洋からスエズ運河、地中海を経て行われている。距離にすれば地球を半周するほどで2万km以上である。しかも燃料補給や船員の食糧補給のために、各地の港に寄港もしなければならない。

このため、日本から貨物船が欧州諸港に到着するには1〜3カ月ほどかかり、極めて不定期かつ不安定である。自動車輸出のための輸送には長い日程でもあまり問題はないが、導入を急ぐ必要のある機械類や食料関係の貨物は、欧州航路には適さない。

その上、コロナ禍によって労働環境が悪化したこともあって労働人口が減少し、過重労働に耐えられなくなった港湾労働者がしばしばストライキを敢行するため、港湾での荷揚げ・荷下ろし・陸上輸送などがしばしばストップするケースが増大している。

世界の海上輸送（船舶）量は、2021年度で120億t、世界の民間航空による貨物輸送量は23億tであったから、海上輸送がいかに重要かが分かる数字である。

一方、海上を進まねばならない船舶にとって、海洋気象は極めて重要である。海洋は春夏秋冬の季節によって、様々な危険を船舶にもたらす。高波、暴風、大雨、台風等が襲うほか、霧の発生によって前方の視界が全くきかず、暗礁に乗り上げたり、時には海底地震による巨大津波に襲われたり、突然に発生する竜巻に襲われて船舶の各種装置が破壊されたりするなど、常に危険が付きまとうと言っていいであろう。

結局、日本の貨物船が数多く活躍できるのは、太平洋を挟んだ南北米大陸と、オーストラリア・ニュージーランド、それに東南アジア地域の国々である。欧州諸国との間には、多くの障害があるために貨物輸送は限定されてきた。

ただし、こうした海洋気象に左右されるのは、海上を航海する船舶の場合である。しかし、海面下50〜100mを航行する潜水艦であれば、海面上の気象状況が悪い場合には、海中に潜航してしまえば諸々の危険を避けることができる。

そして、1991年にソ連が崩壊したことで、日本に新たな航路が開けてきたのである。

ソ連の崩壊が日本の海運にチャンスを与える

1991年にソ連は国家の経済が破綻して崩壊したが、ソ連は巨大軍事国家だけあって、陸・海・空の先端的兵器や宇宙技術は、米国に並ぶ優れたモノを保有していた。だが、経済破綻のためにソ連は持てる先端兵器技術と、宇宙開発技術の多くを中国に売却してしまった。

また、ソ連が保有していた「タイフーン型戦略核ミサイル原潜」は、全長184m、幅23m、潜航時4万8000tという世界最大の原潜で、当時6隻を保有していた。経済危機に瀕していた新生ロシアは、このタイフーン級原潜から核弾頭などを撤去して、潜水貨物船としての活用を考えた。

ただ、ロシアには原潜から潜水貨物船へと切り替える技術がなく、諦めてしまった。一方、これを知った米国は、アラスカの原油をカリフォルニアまで、巨大な潜水タンカーとして活用できないかとして、軍需産業である「ゼネラル・ダイナミック（GD）社」に、建造を依頼した。ところが米議会は、アラスカからの原油ならば、カナダを通るパイプラインにすれば、安全かつ安上がりとしたため、潜水タンカーの計画は消滅した。

ロシアは潜水貨物船は諦めたものの、北極海の氷が溶けたことで船舶の北極海通過が可能となったとして、ベーリング海峡から北極海を通過すれば、欧州と東アジアを結ぶ交易路ができるので、アジア諸国と欧州諸国に利用を呼びかけている。ただし貨物船は、広大なロシア領土に沿って航行するが、必ずロシアの砕氷船や公船が誘導しつつ、何度かロシアの港に入ることを義務付けている。

それでも、極東から欧州の北海まで2万kmを超える行程よりも、1万km程度で済む欧州諸国や東アジア諸国にとっては魅力あるルートではある。

北極海の氷の下を通過できる巨大潜水貨物船

では仮に日本から北極海を通過して欧州へ向かった場合の距離は、どのくらいかという

〔日本からの距離と到達日数〕 k＝ノット

日本	到着地	南回り距離	南回り日数(20K)	北極海(20k)	北極海(25k)
横浜	英国	19,000km	40日	11日	9日
横浜	フランス(地中海側)	18,000km	35日	13日	12日
横浜	ドイツ	20,000km	41日	12日	10日
横浜	米国(NY)	22,000km(パナマ)	35日(パナマ経由)	17日	15日
横浜	カナダ(東海岸)	23,000km	35日	17日	14日

と、日本からベーリング海峡の入口までが4000km、ベーリング海峡から北極点を通過してロンドンまでは6000kmあるから、合計で約1万kmである。

さらに、米国の東海岸へ行く場合も、アラスカまでの4000kmと、アラスカからベーリング海峡を通過後、北極海を通り抜けて米大陸の東海岸を目指せば、ニューヨークまで7000kmなので、合計で1万1000kmとなる。

日本から北極海を通過して欧州や北米東海岸までは、およそ1万kmほどあるが、海上自衛隊所有の「大鯨」や「雷鯨」は長さ84m、幅9・1m、70人乗り組みで、標準速度が時速20ノット（約36km）なので、この速度で進めば、11日間で欧州に到達することができる。ただし、24時間、エンジンは駆けっぱなし状態になる。

通常型潜水艦の動力は重油とイオン電池を使用する

場合が多いが、いずれ液体水素燃料へと切り替わるので、その速度は時速40㎞以上も可能である。ただし、ベーリング海峡のアラスカ側で、一度、燃料補給が必要である。

また造船を行う場合、はじめから200m、300mの巨大潜水貨物船を建造するのではなく、海自の潜水艦と同じ84mほどの潜水貨物船からスタートし、技術の蓄積をしつつ150m、200m、300mと大きくしていけばいいのである。

そして、日本が開発できる『巨大潜水貨物船』は、現在の時速20ノット（36㎞）ほどで海面下100mほどの海中を航海するため、気象状況には全く左右されずに、しかも北極点の下辺りを潜航するので、ロシア公船の先導は不要であり、もちろんロシアの港に入らずに、欧州諸国の港に直行ができる。しかも潜航したままなので、海洋気象に邪魔されたり、港湾ストにも海賊にも遭遇することなく、英国・ロンドンには約11日間で到着できる。

もしも時速30ノット（54㎞）で航行した場合は、ロンドンまで約7日間で到着することになる。もちろん、北海に面する欧州諸国の港にも、8日前後で到達が可能となる。正確な日時に目的地に到達することができるので、世界の海運業界を完全に変革するに違いない。

一方、日本から北極海を経由して米国東海岸のニューヨークまでも、ほぼ1・1万㎞なので、時速30ノットならば8・8日で到着が可能となる。欧州にしても米国にしても、時速30ノットならば、10日以内で確実に着くことができる。

潜水貨物船の魅力は「新幹線」並みに日時を正確に運航できること

地球温暖化の進展は、世界各地の気候を大きく変動させつつある。北極海や南極の氷山、あるいはヒマラヤ、ヨーロッパアルプス、グリーンランドなどの氷の溶解速度を速める結果、海水の上昇が世界各地の島嶼（とうしょ）地域に被害を及ぼし始めている。

また、２０２１年12月に米国の中西部を襲った竜巻の規模と数量が異常状態を示したように、台風、ハリケーン、サイクロンなどの規模も大型化している。

こうした異常気象は、当然ながら海上での輸送を担う船舶に大きな影響を与えることになる。船舶は大嵐を避けて長期間、港で待機しなければならず、航海途上で嵐に遭遇する場合は、緊急避難として装備の乏しい他国の港に避難せざるを得ない。その上、海底火山や巨大地震による津波の襲来、時には隕石落下など、陸上輸送や航空輸送よりもリスクが大きくなっている。

だが巨大潜水貨物船ならば、海上での暴風雨や巨大波浪に一切遭遇することなく、海賊にもテロリストにも遭わず、さらに船員のストライキにも遭わず、正確無比の時間で従来の貨物船の２倍のスピードで、目的地に到達できるのである。しかも、ＪＲの新幹線と同じように、潜水貨物船も〔○時○分出港、○時○分帰港〕のスケジュールで運航されるに違いない。

燃料は液体水素でよく、しかも数年後にはロボット操作によって航行も可能となる上に、新幹線のように1分1秒の狂いなく、外国の港へ到着ができることになる。当然ながら、外貨の獲得は巨額にのぼろう。要するに、巨大潜水貨物（コンテナ）船は、貨物輸送の世界航路を独占してしまうに違いない。

正確な日程で運航できる巨大潜水貨物船の就航は、資源大国の存在や輸出禁止措置等を大幅に薄れさせてしまうことになる。例えば、ロシアやアメリカが異常気象のために小麦や野菜が凶作であっても、豪州から1週間で日本の市場に届けることができるし、中国が鉱石類の輸出を禁止しても、他の産出国から1週間で日本に届いてしまうからである。

巨大潜水貨物船を建造できる日本の技術力

巨大潜水貨物船が運搬する荷物は、「精密機械、機械、各種ロボット、防災品、レアメタル、レアアース、化学薬品類、部品類」、「小麦、大豆、トーモロコシ、ポテト、季節ごとの果物」などの農産物、「和牛や鮮魚類等の生食品、練製品、冷凍食品」などの食品類、そして「薬品類、化学製品」などを運搬することになる。

ただ遺憾ながら、日本は戦後、国交回復をした韓国と中国に技術を盗まれた結果、造船量を２０００年に韓国に首位の座を奪われ、２００９年には中国にも2位の座を奪われてしまった。

造船業の衰退にようやく気がついた政府は、２０２1年5月に「海事産業強化法」を制定し、造船業界の再編に乗り出している。例えば今治造船とＪＭＵ（日本鋼管、日立造船、ＩＨＩの合同企業）が、共同して新たに「日本シップヤード（ＮＳＹ）」を設立した。だが、北極海航路が開設されるのであれば、1万ｔクラスの潜水貨物船や潜水タンカーを建造するべきではなかろうか。

前述したように、今は生成ＡＩやChatGPTの技術を利用できるから、確実かつ早く完成することができよう。

ともあれ、日本が「巨大潜水貨物船」を完成させたならば、まずは１０００隻ほどを建造して世界の海上輸送を担う必要がある。潜水貨物船は、開発は３０００ｔからであるが、いずれ、５０００ｔ、８０００ｔ、そして数万ｔへと拡大し、数量も暫時多くしていく必要がある。

また、巨大潜水貨物船は、ＴＰＰ加盟12カ国に優先的に利用させることと、ＲＣＥＰ（包括的連携協定）に加盟している国で、かつ自由主義を掲げている国に限定しなければならない。

1万隻が必要となる巨大潜水貨物船

ところで、世界一の海運会社「マースクライン」はデンマークの会社であるが、2020年現在550隻のコンテナ船を保有し、他に250隻のタンカーなどを保有しているが、世界125カ国に基地を保有し、衛星通信を活用して運航状況を把握している。

マースクライン社の売上高は、ほぼ毎年、512億1800万ドル（約5兆円）で、世界のトップを走っている。ただ、海運事業にとって海洋気象の状況変化は、営業利益に直結する問題である。

海上コンテナは、通常20フィートであるが、マースクラインでは40フィートのコンテナを積載できるコンテナ船「エマ・マースク（Emma Maersk）」を保有している。エマ・マースクは、17万t、全長397mで、20フィートコンテナだけでも1万5000個も積載できる。

一方、日本の今治造船は2023年春に、世界最大のコンテナ船を建造したが、これは全長399m、幅61m、深さ33m、総トン数23万5311t。コンテナは2万4000個を積載できる。

ただ、こうした巨大コンテナ船が入港できる深度と、コンテナを大量かつ素早く処理できるコンピュータ制御装置と重機を持つ巨大港湾が不可欠である。現在、巨大港湾はアジアではシンガポール、上海、仁川などにあり、欧米からのコンテナ船は、こうした巨大ハブ港に入港し、横浜や神戸に向けては小さなコンテナ船に貨物を積み替えて、日本に向かうことになる。

こうした港湾の整備は全て日本企業が請け負って建設をしてきたのであるが、日本の経済官僚たちは巨大港湾の建設には全く眼を向けようとしなかった。巨大潜水コンテナ船や貨物船が就航するようになったら、アジアでは、日本の港を拠点とする方法を考える必要がある。

現在、米国やカナダなどからアジア地域に来るコンテナ船や貨物船は、日本に輸出する貨物があっても日本の港へは寄港せず、韓国や上海あるいはシンガポールなどへ直行して、荷下ろしや積載をしたあとに、小型船で日本に立ち寄っている。

ともあれ、潜水貨物船は、従来のコンテナ船のための波止場の仕組みを根本から変えるであろう。まずは潜水貨物船が入港できるよう桟橋の海底を20ｍほどの深さに掘削することが必要となる。

だが、２０２３年6月からは、英国がＴＰＰ（環太平洋パートナーシップ協定）に加盟したことで、英連邦に加盟する豪州、ＮＺにとっても有利になったばかりか、太平洋に面する国々にとっても、北極海を利用して英国との交易が盛んになることが予測されている。

それゆえ、「潜水貨物船」は、従来の貨物船に代わって世界中から需要が増大することは間違いない。また、潜水貨物船には、必ずレーザー砲の設置が必要である。進行航路を事前にロシアなどに連絡していても、故意か誤りかロシアや中国などの潜水艦が、魚雷を放ったり機雷を設置して、進路を妨害する可能性もあるからである。

巨大潜水貨物船の操船は、外国人の船長や船員でも、完全自動翻訳機を使用するので問題はなく、世界の貨物船状況は一変するに違いない。もちろん、いずれはヒューマノイド（人型ロボット）の船長と船員が、潜水貨物船を運行するようになろう。

ところで、日本は外航航路に従事する商船を260隻保有しているが、外国籍の用船となると2500隻を保有しており、この数は世界最大である。これに、日本が潜水貨物船を参入させたならば、世界の海上輸送は日本が半分以上を占めるに違いない。

しかも、当初の潜水貨物船は1万tであっても、やがて2万t、5万tと大型化していくに違いない。

『海底2万マイルの海中観光旅行』も

巨大潜水貨物船の用途は、貨物輸送だけではない。日本や欧米から北極海の氷の下を通過して、わずか10日間で確実に目的地へ到着できるのであれば、飛行機を利用せずとも、快い船旅を満喫したいという人はたくさん出てくるであろう。飛行機と違って船であるから、所持する荷物もたくさん持つことができ、港には事前に予約しておいた車で荷物を、目的地まで運搬することが可能である。

また、10日間の船旅も、東京からベーリング海峡までは洋上を走るので、海洋の空気を思う存分満喫できるし、北極海に入ったら潜水艦の両サイドは完全に閉じるが、丸窓はスライド式にするので、深く潜航するまでは25ｍくらいまでの海中を楽しむことができよう。北極海の氷の下を抜け出たなら、再び浮上して外の景色を楽しむことが可能となる。

もちろん、わずか10日間の旅ではあるが、北極海の真下を通るエキサイティングな旅であり、もちろん3食付きで優雅に過ごすことができるので、世界中の仕事に疲れた人々などに人気となろう。

この船旅は、当初は日本と欧州、日本と北米東海岸または北米西海岸のルートとなるが、いずれは貨物船としても観光船としても、東南アジア諸国と欧州や北米航路も開設する必要がある。これらの航路からあがる収益は、かなりの額となるであろう。

4 世界の工場と鉱山で働く日本のロボット

「工場用ロボット」と「採掘用ロボット」の製造・輸出に力を入れるべし

人手不足は、日本だけの問題ではない。世界中、とりわけ先進国で体を張る職場と、新興国や途上国で厳しい労働環境にある職場で問題となっている。先進国では各種運転手や介護者、軍隊などが人手不足となり、新興国や発展途上国では鉱山などで採掘に従事する人や、物流関係の人たちである。

今後、ますます進む人手不足を補う意味で、重要となるのが「サービスロボット」である。例えば、輸送・物流、ホスピタリティ、医療用、掃除用、調査・管理用、農業用などは業務用であり、家庭用としては社会交流用、教育用、掃除用、接客用などがある。特に業務用のロボットは、人間の緻密な作業の代わりに使用するので、精巧な技術が必要であり、優秀な技術を持つ日本人技術者に期待がかかる。当然ながら、この技術を盗み出す危険な国が近隣には存在するから、国も企業も十分な注意が必要である。

一方、各種鉱山における掘削作業は、重労働であるばかりでなく、多くの事故も伴う危険な作業である。事故の例として挙げると、「落盤、運搬中、落墜、有毒ガス、坑内出水、落石、転石、ガス爆発、坑内温度上昇」等がある。現在、日本の鉱山数は1440あるが、世界の各種鉱山数は数十万を数える。しかも坑内の平均深度は、マイナス605mで、なかにはマイナス1000mを超える鉱山がたくさんある。

もちろん、坑内には削岩機が電気を使用する関係で、坑内は電灯が灯っているから、ロボットや削岩機なども電気エネルギーを使うことができる。

現在、世界の鉱山を見ると、1つの鉱山には平均して30以上の坑道が掘削され、掘削作業が行われている。しかも、地底600～900mの採掘現場へ簡易エレベーターで降り、掘削や運搬作業を行っている。

もちろん、掘削作業は人間が行っているから、諸々の事故によって作業員に死傷者が多く出ている。例えば、チリは鉱業国として有名であるが、採掘現場での安全確保は遅れている。2010年8月5日にチリのコピアポ鉱山で発生した落盤事故は、地下700mに33名を坑内に閉じ込める事故となった。33人は通風装置のある避難所に逃げたため、生存していたが、水や食料はわずかに貯蔵されていた物を分け合って食べていた。小さじ2杯分のマグロや牛乳を、1日おきに食べていたという。結局、彼らを救出するために新たな穴を掘り進め、10月2日に漸く1人ずつ救出することができた。

また2023年11月11日、インド北部でトンネル工事中に崩落事故が発生し、40人が閉じ込められたが、17日後の11月28日に全員が救出された。この事故の場合も、当初からロボットが掘削工事をしていれば、崩落事故が起きても人的問題はなかったのである。

こうした鉱山で人間による事故をなくすためには、ヒューマノイドが掘削作業を行う必要がある。掘削した鉱石は、地下坑道内のトロッコに鉱石を積んで、エレベーターまで運搬・搬入する作業、さらに地上の坑道に鉱石を積み込み、坑道から出て地上の集積場まで運搬と集積作業等を行うロボットが必要である。

当然のことながら、ロボット開発にはChatGPTの技術や、運搬、輸出などの業務には生成AIの技術が使用されるはずである。

鉱山用ロボットの性能

ロボット生産の得意な日本が、人間に代わって作業のできる精巧なロボットを生産できれば、世界中の鉱山から引っ張りだことなるであろう。鉱石など1t以上を入れた容器を持ち上げ、積み下ろし、しゃがむことができる。しかも二足歩行ができるロボットである。もちろん、持ち上げたり、運搬する力もなければならない。

さらに、生成ＡＩやＣhatGPT技術を利用すれば、目指すロボットは短期間に完成し、大量生産へと踏み切ることが可能である。

ところで、坑内で働くロボットは2種類に分けられる。1つは削岩機を使って鉱石を砕き、それらを、屈んで手で集めて傍に置いた回収用の箱に入れるロボット。もう1つは回収した箱を持って坑道に敷いてあるトロッコや、エレベーター内に積み込んだり、取り出してトラックに積み込む作業を行うロボットである。ただ、生成ＡＩ技術を使えば、ヒューマノイドは、人間と同じ働き方をしてくれるので、悲惨な事故などは起こることがなくなるに違いない。

現在は、多くの作業が人間の手で行われているが、極めて重労働の上に、酸素不足やガス爆発、崩落、漏水など、諸々の危険に晒されながらの労働である。ひとたび、坑内で事故が発生して、坑内労働者に多数の死傷者が出れば、鉱山経営は極めて困難な状態に追い込まれる。

だが、鉱山の仕事ができるロボットが現れれば、経営者は競ってヒューマノイドを購入するであろう。日本が作るロボットと削岩機の動力は、液体水素燃料である。そして鉱山などで採掘作業を行うロボット一台の価格は、小型が数百万円、中型が数千万円前後となるであろう。

それでも、日本が開発したロボットは世界中の鉱山から、引っ張りだことなることは間違いない。1つの鉱山には平均して50以上の坑道があると言われているから、全ての作業をロボットにさせようとした場合には、最低100台以上のロボットが必要となる。世界の鉱山経営者が「効率重視と人命重視」に目覚めたなら、日本は天文学的数字の利益を掌中にすることになる。

ただし、鉱山用ロボットを輸出する場合に、気をつけなければならないのは、輸出した先の国の中にはロボット技術を盗む国があることである。例えば、ロボット（ヒューマノイド）技術を盗むために、ロボット保有国から高額で引き取ろうとしたり、作業現場にいるロボットを事故に見せかけて、スクラップ状態にして安く買い取るなどの行為である。

1台のロボットから技術を盗めば、自国で大量生産を行って輸出ができることは、かつての新幹線技術やリニアモーターカー技術をはじめ、諸々のハイテクが日本製品や日本人から盗まれた歴史がある。

労働力を補うロボットは、途上国にとっても不可欠

ロボットは、人に代わって活動する機械であるが、その活躍範囲は極めて広い。各種工場や土木工事等での活躍は無論のこと、人間の生活空間においても人に代わって働くことができる機械である。なかには、戦場で人間の兵士に代わって活動するロボットも、各国で開発されつ

つある。

だが、ロボット技術に関しては、現在においても日本がダントツで世界をリードしている。そして、未だ技術では他国をリードしている今、日本はロボット社会を見据えて多くのロボットを開発しなくてはならない。

というのは、今から17年後の2040年頃には、日本は労働人口が急速に減少し、約1100万人の労働力が不足するという予測が出ているので、労働力を補うための各種ロボットの開発は急がなければならない。各種産業用、水陸資源開発用、巨大災害救助用、運搬用、物流用、交通用、医療用、介護用、安全保障用・警備用等、多種多様なロボットが必要となっているからである。もちろん、先進国も同様である。すでに米国では、シアトルのアマゾンにある倉庫内で、荷物運搬用に二足歩行ロボットが活躍を始めるとしている。

だが、欧米がロボットを毛嫌いしていた歴史に対して、日本は昔から人形劇などで多くの種類のロボットが開発されていた。それゆえ、現在は欧米諸国と比べて日本の労働生産性は落ちるが、ロボットに代替させることによって、日本の生産性は欧米を大きく逆転するかもしれない。

現在でも、老人や病人を介護する人の数が大幅に不足しているし、工場や農業・漁業などの職場でも労働者の数が年々不足をしている。同様に、サービス業の分野においても、人手不足は顕著となっており、外国人を雇用するだけでは、問題が解決されない状況が続いている。

もちろん、自衛隊のように体力を必要とする職場においても、人手不足は顕著となっており、毎年、自衛官に応募する若者は減りつつあり、国防問題にも影を落としているのが実状である。

日本はレアアースの採取を急げ

ところで、ハイテク産業にとって必要なレメタルやレアアースは、独占的に保有している中国によって輸出規制を受けているが、日本がレアメタルやレアアースの本格的な開発に乗り出せば、安心かつ安価に入手が可能となってくる。

2022年になってスウェーデンが100万tのレアアースを発見したと発表したが、実際の採掘は数年先ということである。

レアメタルに含まれる47種類の金属のうち、スカンジウム、イットリウム、ランタノイドなど17種類がレアアースである、これらは光ファイバー、磁石、各種レーザー、セラミックス、原子炉制御棒などに利用される。日本の排他的経済水域内で発見されるレアアースは、約1400万tで、中国の保有する分量の数百倍もあるから心強い。中国に盗まれないよう、しっかりと監視しなければならない。

日本政府は中国がレアアースの輸出を厳しくしているとして、２０２３年10月になって、レアアースの本格的な採取に乗り出すと発表したが、中国のレアアース輸出は10年も前から厳しくしていたのであるから、日本の対応は遅過ぎる。

レアアースの採掘は、ロボットを使うのではなく、「揚泥管」という掃除機と同じ吸引する装置があればいいので、開発上の問題はない。ただ深海６０００ｍの海底から、レアアースを吸い上げる揚泥管は、残念ながら日本にはなく、英国から購入しなければならない。

ただし、英国の揚泥管製造は、軍事関連企業が行っているが、ウクライナへの支援などで軍事部門が優先されているため、２０２７年以降でないと輸入ができない。日本としては英国からの輸入を待つのではなく、独力で開発することも必要である。

ただ、５０００ｍもの深海にホースを降ろして、レアアースを吸引するだけのパワーをいかにして作るか、あるいはホース自体が水圧で押し潰されないか、などの課題をクリアしなければならない。レアアースの90％近くを保有する中国は、政治的・経済的に利用をし、日米欧などに強い規制をかけている。それゆえ、日本は一刻も早く、レアアースの採掘だけでも、開発を進める必要がある。

一方、鉱物としての「レアメタル」の中には、白金、タングステン、アンチモン、パラジウム、コバルトなど47種類の金属が含まれており、スマートフォンやハイテク兵器、ロケット、原潜の船体構造などに使用されている。

１９８０年には水産庁の「第2白嶺丸」が、各種鉱物資源の存在と試掘を行ってきたが、１９８３年以降は、「深海資源開発株式会社」が「白嶺丸・１２００ｔ」を使って探査を続け、各水域で資源を発見し試掘も行っている。２０２０年には「白嶺丸」が、コバルトリッチクラストを世界で初めて採集することに成功している。

またレアメタルが豊富に認められる小笠原海台海域（父島東方）が、米国との調整が終了したので、一刻も早い開発が待たれる。

だが、深海底の鉱物資源を大量で安全に採取するには、船に備えたマニュピュレーターだけでは全く足りない。やはり深海底でも自由に動いて採掘できる人型ロボットの数量を揃える必要がある。

レアアースやマンガン団塊などが賦存（ふぞん）する地域は、２００カイリの範囲内とは限らず公海にも係る場合もある。公海にある海底資源は全ての国に採掘権利があるため、トラブルが発生しやすく裁判沙汰になりかねない。

ただ、マンガン団塊やレアアースは5000mの深海底に賦存するが、いずれも海底に、そのままの状態で横たわっているだけであるから、掃除機で吸引をするだけでよく、深海底の生態系を破壊することはない。

結局、熱水鉱床やコバルトリッチクラストを回収できればよいのである。深海底3000mでも鉱物資源を掘削できる大型ロボットが必要であるが、コバルトリッチクラストを採掘するには、資源回収船から電線に繋いだ「ヒューマノイド」を2機下ろし、1機には掘削機と回収籠を持たせて海底に送り込む。このロボットは削岩機を使って鉱物の掘削と回収を行う。そして、もう1機のロボットは、鉱物の採取によって周辺に散る細かな粒子や破片を、持参した籠で回収する作業を行い、海底の生態系を狂わせないようにする。

ただし、熱水鉱床は400～1000mほどの海底、コバルトリッチクラストは、3000～5000mほどの海底に賦存するので、掘削を行うロボットには、膨大な水圧がかかるため、水圧に耐えるか、または水圧を逃す防護服を着用させるか、あるいは水圧に耐える潜水艇に、掘削機を付けて鉱石を砕いて回収するなどの方法を考えなければならない。

8 日本の技術力が軍事紛争を止め、激甚災害の被害からも救う

1 世界経済の安定化に不可欠なレーザー砲

日本は周辺国から狙われている

日本は、1945年に大東亜戦争が終了して新生国家としてスタートしたが、同時に4つの隣国とトラブルを抱えることになった。第1に中国、第2に北朝鮮、第3に韓国、第4にロシアである。

第1に、中国との関係では、日清戦争から大東亜戦争終結に至る日中間の諸問題を、1972年と1978年に締結した条約で、全て解決したにもかかわらず、領土問題として日本が領有する尖閣諸島を中国領として奪取をしようと、毎日のように中国公船や軍艦を、尖閣諸島領内に出没させている。しかも、日本の技術を盗む行為（スパイ、サイバー）が、製造業

をはじめとする民間企業や大学の研究所にも及ぶなど、目に余る状態が続いている。日本政府は、そのたびに抗議をするだけである。

それどころか、中国は自国の主張を通すために軍事力を平然と行使する国となっている。ただし、中国が陸・海・空の通常兵力のみならず、核戦力までも行使しようとした場合、現在の日本の防衛力では全く防ぐことはできない。

第2に、北朝鮮の問題で、日本の民間人を拉致したまま帰国させず、それどころか、核兵器や弾道ミサイルを開発して日本を脅す行為に出ている。彼らが狙っているのは、日本企業の持つ技術力であることはいうも俟たない。

第3に、韓国との問題である。日韓両国は1965年の基本条約で、戦前の問題は全て完全に解決し、日本は多額の賠償金も支払ったが、韓国は政権が代わるたびに、執拗に賠償要求と謝罪要求を繰り返している。

しかも竹島を奪い取ろうとしただけでなく、2018年には海上自衛隊の哨戒機に対して、レーダー照射を行った上に、日本からの批難に対しては、照射などしていないという嘘を堂々と述べる国である。日本国憲法は紛争を軍事力で解決することを否定しているので、自衛隊の側から攻撃はできない。相手から攻撃をされてから、初めて反撃ができることになっている。

ただ2022年誕生した韓国の大統領尹錫悦は、保守政治家として検事総長から転身した人物であるが、現実的な考えの下に日韓関係の改善に努めている人物であるから、日韓関係は良い方向に向かうことが期待される。

それでも、慰安婦訴訟では、韓国高裁は元慰安婦への損害賠償金を、日本政府が支払へとの判決を2023年11月24日に出している。この問題は、数十年前に日韓政府によって解決済みであるのに、何度も問題として取り上げ、韓国裁判所は慰安婦に勝訴の判決を出している。国際法などを全く理解していない国である。

第4はロシアである。ロシアは、2000年の時点で、日本を照準にしていた核弾道ミサイルを全て撤去している。ロシアとの間には、北方領土問題や、55万人の抑留兵士の問題が未解決であるが、彼らは話せば耳を傾け理解を得ようとする民族である。ロシアによる戦後の対日不法行為は、100年前の日ロ戦争での惨めな敗北が原因としてあるからである。

レーザー砲は兵器を即時使用不能にする

中国は1~2年以内に核弾頭を1000発ほど保有すると、2023年にペンタゴンが発表している。

一方、日本は２０２３年12月に、今後5年間に防衛費「43兆円」を支出して、中期防衛力整備計画を進めることを決定した。だが、ステルス戦闘機や新型艦艇に莫大な金を投入するよりも、レーザー砲を一刻も早く開発し、配備した方がはるかに安上がりな上、日本の防衛は120％確実になるのである。レーザー砲の開発には1兆円もあれば十分なのである。しかもChatGPTの技術を使うことができるので、レーザー砲の開発は早まるであろう。

軍事用レーザーにもいろいろあるが、極く近距離の物体を破壊するには「電磁レーザー」や「ガスレーザー」等が、長距離用としては「クリプトン・エキサイマレーザー」や「自由電子レーザー」等がいいと言われる。

レーザー砲は、砲弾と異なって、地球の引力や風などの影響は全く受けずに、目的物に到達する。米国ではすでに50kw級のレーザー砲を開発し、1・8km先の物体を破壊している。日本の防衛装備庁や民間企業も、すでに1・2km先の鉄板を破壊するレーザービームを開発しているが、防衛装備庁も企業も３００kw級の出力を目指している。この場合は5km先の物体にまで照射が可能である。

公表していないが、日本は２０１４年にフランスから、宇宙空間で人工衛星の１００km以上先から飛翔してくる宇宙塵（宇宙ゴミ）を破壊するレーザーの共同研究を提案され、これまで研究・開発を行ってきている。おそらくすでに完成しているのかもしれないが、憲法問題もあるために、レーザー砲とは言えないのであろう。しかしながら、もしも日本が数百㎞を超える距離からのレーザー砲を実現しているならば、宇宙船に搭載して地球上の全ての軍事紛争を停止させることができるのである。

もっとも、防衛装備庁は、２０２3年10月に、新たに「レールガン」の開発に成功したことを発表した。レールガンは電磁気力で物体を撃ち出す装置である。従来の火砲を大きく超える高速度で弾丸を撃ち出すことができるもので、護衛艦や大型トレーラーに設置できる兵器としては世界で初めての装置である。

レーザー兵器はレーザービームを敵のあらゆる兵器に照射して、兵器機能を破壊してしまうもので、その速度は光とほぼ同じ1秒間に30万㎞である。一方、弾道ミサイルの速度は1秒間に27㎞の速度であるから、レーザー砲には全く歯が立たない。

現在までのところは日本のレーザー技術は民生用として開発が進んでいるが、世界でもトップクラスにあるので、政府が正式にレーザー砲として開発を認めれば、いずれのレーザー砲も、完成は早くなるであろう。

巨大宇宙船にレーザー砲を搭載すれば、あらゆる紛争は終息する

２０２３年に米国上空を浮遊して米空軍に撃墜された中国の「監視気球」は、日本にも何回も訪れていた。明らかな領空侵犯であるから撃墜をしてもいいのだが、日本政府は中国に止めてほしいと頼むだけであった。こんな弱々しい要請など中国が聞くはずはない。それゆえ、今後、もしも中国が日本の領空を侵犯したならば、砲弾で撃墜はせずにレーザービームを気球に照射すればよいのである。

中国がしつこく「監視気球」を日本上空に送り込んだり、尖閣諸島の海域を侵犯するようであれば、外交的には日本は「一つの中国」政策ではなく、「二つの中国」政策へ転換すると宣言すればいい。すなわち、「中国」を独裁国家、「台湾」を民主主義国家として両国との国交を開始すればいい。

だが、もしも10年後に日本が「巨大宇宙船」を完成させれば、これに２００km先まで届く「レーザー砲」を積載すれば、現行のほとんどの軍事紛争や、軍事力を背景とする脅しや外交紛争は姿を消すことになる。なぜなら紛争地の宇宙上空から、レーザービームを浴びせるからである。

レーザー砲が兵器を破壊する主な仕事は以下の通りである。

①ロシアがウクライナに発射するミサイルや戦車の全てを使用不能にする、②ロシアによる

北方領土の返還実現、③中国による尖閣諸島への侵入阻止、④中国による南シナ海の領有阻止、⑤韓国による竹島占領の放棄、⑥北朝鮮による拉致被害者の帰還、⑦イスラエル対ハマスとの軍事衝突阻止、⑧スーダンやアフガニスタン、ミャンマー等における軍隊や警察による民間人殺傷の阻止など、いずれの場合も、人命は一切損傷しないのである。

もっとも、軍事的攻撃が高まると判断した時には、ロシアと中国の軍事衛星を含む情報通信衛星などの全てを、「巨大宇宙船内」に収容してしまえばよい。これによって、中国は手も足も出せなくなってしまうであろう。

地域紛争や国家間紛争をなくさなければならないのは、これらの紛争が当事者のみならず、世界経済（エネルギー、食糧、流通、輸出入等）をたちまち収縮・鈍化させるからである。

2 核弾道ミサイルをオモチャにする長距離レーザー砲

核兵器の保有に力を入れる国々

米国の国防総省は、2021年11月に年次報告書を発表したが、10年後となる2030年頃には、中国が現在保有する350発ほどの核弾頭を1000発にまで保有する可能性を指摘した。また、中国は2022年7月に「極超音速兵器」が、音速の5倍以上の速さで南シナ海の上空を飛行していたと、英国のフィナンシャルタイムズ紙が報じている。

2021年現在、中国は核弾道ミサイル以外にも、1250発の長距離ミサイルを日本各地に照準しており、北朝鮮も200基以上のノドンミサイルを日本に照準している。

それゆえ、仮に北朝鮮のノドンミサイルが日本本土に着地・爆発してから「敵基地攻撃」や「反撃能力」をといっても、航空自衛隊基地を含む本土の重要都市など200地点に、15分ほどで敵ミサイルが着弾していれば、たとえ敵基地攻撃力や反撃能力が残されていても、相手基地を殲滅（せんめつ）することなど不可能である。

ましてや、相手が中国の場合、核爆弾だけでも予備を含めて700発を保有しており、運搬手段は弾道ミサイル、原潜、爆撃機などを含めて多数の兵器を保有している（イギリス国際戦略研究所、2020年版）。

一方、ロシアは南極を迂回して米国を攻撃できる弾道ミサイル「サルマト」を開発したと発表し、北朝鮮は潜水艦発射の弾道ミサイルを開発したと発表している。また中国は3隻目の航空母艦を進水させて、世界覇権への道を進み始めている。

長距離レーザー砲とは

日本は過去、二度も核兵器を落とされ大量の市民が虐殺されたことを思えば、一刻も早くレーザー兵器の保有が必要である。そうなれば核兵器保有の5大国は、オモチャの保有と同じになるので、国連安保理でも「拒否権」を行使できず、世界の常識が通用することになる。もちろん、日独を対象とした「敵国条項」などは、即時撤廃する必要がある。

ところで、数千km以上の彼方から飛来する、弾道ミサイルを撃墜することができるレーザー砲には、「フッ化クリプトンガスレーザー」、「X線レーザー」、「化学レーザー」、「自由電子レーザー」などがある。ただ化学レーザーやフッ化クリプトンガスレーザーは、ビームを発生させると毒ガスも発生させるので、使用には慎重を期す必要がある。

またX線レーザーは、現時点では技術的に困難である。というのはX線レーザーを励起させるには、核爆弾を爆発させなければならないからである。結局、日本が開発できるのは「自由電子レーザー」である。

日本が自由電子レーザー砲を開発した場合は、国内はもちろんのこと、同盟国・米国の西海岸と東海岸にもそれぞれ自由電子レーザー砲基地を設置して、中国や北朝鮮からの弾道ミサイル攻撃を阻止させる必要がある。

設置するもう１つのわけは、国際天文台が２日前に発見した50ｍほどの隕石が、地球に衝突すると分かった場合、日本と米国に設置された長距離レーザー砲は、確実に破壊できるからである。もともと自由電子レーザーが開発されてきたのは、核融合発電に用いるパワーとしてであった。では自由電子レーザーとはいかなるものか、次に述べてみよう。

自由電子レーザー砲とは

自由電子レーザーを励起するには、「大量の電気」と「たくさんの磁石」が必要である。巨大なＳ極とＮ極の磁石を交互に並べた間を、数千kwもの電気を通すことでレーザーが励起され、３０００kmの彼方まで照射できるレーザービームが発生する。

当然ながら自由電子レーザーを連続して励起するためには、メガワット級の電力が必要となる。米国の研究所では、大きな磁石をたくさん並べた中に数千kwの電気を通過させて、自由電子レーザーを発生させることに成功しているが、発生装置そのものが巨大な建物とならざるを得ない。

ところが幸いなことに、２０１４年に筑波にある「高エネルギー加速研究機構」が、超小型の原子炉を開発したのである。さらにキロワット級、メガワット級の電気を通過させる磁石として、従来は巨大な磁石を大量に必要としたものが、性能を落とさずにレーザービームを励起できる超小型磁石を、「日立マグネティック社」が開発したのである。この超小型磁石は、すでに日米などで、核融合部門などにおいて利用されている。

それゆえ、中国や北朝鮮が米国を狙って発射する核弾道ミサイルを撃墜するには、普段から3基ほどの「超小型の原子炉」でメガワット級の電力を起こして、電力需要に応えるが、緊急事態の発生とともに、発生した電力を超小型の磁石の間を通すことで、「自由電子レーザー」を励起させればよい。数千km先の弾道ミサイルに照射して撃墜ができよう。

もちろん、日本が開発保有した場合も、日本列島に3~5基ほどを配備すれば防衛は完璧である。北海道から沖縄までの陸上自衛隊駐屯地内に、超小型原子炉を設置するが、通常は原子力発電所として地域に電気を送るが、万一、中国や北朝鮮が核弾道ミサイルを、日本や米国に向けて発射する事態が招来した時は、すかさず電力を自由電子レーザー砲の電源に切り替えればよいのである。

長距離レーザー砲である「自由電子レーザー砲」の開発を急ぐ必要があるのは、2024年11月に行われる米国大統領選挙で、トランプ氏が当選する公算が強くなっているからである。彼は、アメリカ一国主義で、以前から日本に駐留する米軍の経費が莫大であるから、全額日本が負担すべきと主張している人物である。たしかに、日本は米国の軍事力に依存してきたことは事実であり、トランプ氏の主張は間違っていない。

それゆえ、日本ができるだけ早く長距離レーザー砲を開発し、米国の各地に設置して米国の防衛を引き受けることが必要である。日本における米国の負担は一切なくなる。その代わり、米国は日本に対して「思い遣り予算」を組むべきである。

いずれ、長・短レーザー砲の配備で全ての軍事紛争は終わる

つまりレーザー技術が進んでいる日本が「レーザー砲」の開発を進めれば、5年後には完成し、実用化する実戦配備は10年後には完成する。

それゆえ、日本は国連が停戦を呼びかけた時点で、当事者の一方が応じない時や、双方ともに応じない場合は、国連の了解を得た上で、双方の戦闘力をレーザー砲で沈黙させるしかない。その上で、日本と国連が共同して仲裁者の場に立つことが望まれる。

ただし、日本がレーザー砲を保有して、効果が明らかとなると、中国やロシアも必死になってレーザー砲の開発を進めるので、おそらく25〜30年後には、彼らも保有すると思われる。しかし開発の結果、彼らは無駄となる核兵器や先端兵器の開発を停止せざるを得なくなる。

一方、米軍は国外に約800の軍事基地を所有し、45万人ほどが駐留している。米軍の現役兵士数は130万人ほどいるが、国防費は8769億ドル（2022年）で日本円換算で70兆円を超える。それゆえ、米国としても金のかからない「レーザー砲」を、開発保有しておきたいところである。

おそらく30年後には、短距離レーザー砲と長距離レーザー砲の実戦配備によって、世界中から軍事紛争や武器を取っての紛争がなくなるので、国内のみならず国際物流が安定し世界経済も発展することになる。日本国内からは米軍基地は全てなくなるし、北方領土や竹島も拉致被害者も日本に帰る。また核兵器廃絶運動なども自然消滅するであろう。

3 PKO派遣に感謝する国々

日本のPKO後方支援業務

日本においてPKO（Peace Keeping Operation）部隊を派遣するための「PKO法」が成立したのは1992年であった。

ＰＫＯ法が成立した結果、1992年に初めてカンボジアに対して自衛隊が派遣され、道路・橋・学校・医療などのインフラ整備と、輸送などの分野で大活躍をし、現地住民から感謝されている。

日本がカンボジアにＰＫＯ部隊を派遣して以来、2018年までに1万5000人が派遣されてきている。

周知のように日米欧などの先進国は、経済的な豊かさとともに、人類にとっての普遍的理念とも言える「自由・平等・民主・人権」を曲がりなりにも享受している。だが、世界人口80億人のうち、普遍的理念を享受して豊かに暮らしている先進国の民は10億人ほどで、残り70億の人々は、貧困、飢え、災害、戦争、病気、圧政に苦しんでいるのである。

70億の人々が望むのは、普遍的理念よりもまず毎日の生活の安定が先で、決して贅沢である必要はなく、それより戦争もなく温暖化による異常気象に悩まされず、恐ろしい病気などにも悩まされずに、平和で安全かつ安心して働けることが最高の幸せなのである。

彼等の希望を叶える自衛隊のＰＫＯ活動は、紛争後の人々にとって、まさに寒天の慈雨であり、国家建設の意欲を湧き立たせる希望となっているために、各地から派遣要請が続いている。

これまで自衛隊ＰＫＯ部隊は、シリアでの輸送業務、イラクでは特措法に基づいてサマワに施設大隊が派遣され、また独立後の東チモール、地震に襲われたハイチには国際緊急援助隊として自衛隊施設大隊を中心とした部隊を派遣している。２０１２年１月からは、独立直後のアフリカ・南スーダンへ施設大隊の派遣が行われてきた。

それでも日本のＰＫＯ予算は２０１０年度時点で12億ドルほどで、全体の13％の支出であり、人的貢献の面からは１１７カ国中38位と低いが、自衛隊が日本と日本人に貢献している度合は極めて大きい。

ただ、こうした派遣地域は熱帯地域が多く、気候が厳しいだけでなく危険な動物・熱病などがはびこり、かつては戦場でもあったから地雷が埋め込まれていたり、部族同士の争いも絶えないなど、政治環境も極めて悪い。民間建設会社の社員では、仕事などできない環境である。

アサド大統領から感謝された旧軍の戦い振り

自衛隊が紛争中の場所にＰＫＯミッションを派遣したのは１９９６年2月からで、当時、ゴラン高原を巡ってイスラエルとシリアとの係争地ゴラン高原で、ゴラン高原に展開するシリア軍基地に物資の補給等を要請された。

部隊を率いたのは陸自3等陸佐（当時）の「本松敬史氏（西部方面総監を経て退官）」であっ

た。自衛隊を迎えた当時のアサド大統領（現・アサド大統領の父君）は、自衛隊PKO部隊に対してイスラエル軍はおろか、ハマスやヒズボラなどの軍事組織が1発でも日の丸や白衛官を撃ったならば、シリア軍は全軍を持って攻撃者を叩くと通告しているから、安心して業務を遂行してほしい」と明言した。

感激した本松3佐は、「なぜそれほどまでにして自衛隊を守ってくれるのか」と大統領に問うたところ、彼は「日本軍はかつて大国のロシアを完璧に打ち砕き、先の大戦では特攻隊まで繰り出して米軍を全滅状態にまで追い込んでいた勇者の軍隊であり国である。これほどの勇敢な軍隊・軍人、そして国家に対して一人でも死傷者を出すことなど、あってはならないことである」と答えて本松3佐を感激させている。

シリアはアラブ人の国であるが、日本と日本軍人の戦い振りに感激し感謝をしているのである。しかも100年も70年も前の出来事であるが、彼らは決して日本人の戦い振りを忘れてはいないのである。このことは、アラブの軍人だけでなく全てのアラブ人に強く印象として残っているといえよう。ビジネスのみならず政治的な国際会議においても、彼らは日本を支援してくれる素地を持っているのである。日本外交もビジネスも、こうした現地の対日感情を十分に考慮した上で、交渉を進めると良い結果に繋がるのではなかろうか。

筆者は、かつて中米のエルサルバドルを訪れたことがあるが、同国で見たのは「ハポン（日本）」という名前を冠した工業高校で、若者たちは元気いっぱいに校庭でスポーツをしていた。その時会話したコーチによると、ハポンという校名は、もちろん日本が白人国家を破り、原爆を落とされても戦い抜いた根性で、途上国に勇気と元気を与えてくれた感謝の念から、「ハポン」と付けたのだと説明してくれた。もちろん、歴史の授業では、必ず日露戦争が取り上げられ日本人の勇気・勇敢さを学んでいるとのことであった。

事実、日本がロシア帝国を撃破してから60年後、日米戦争からは20年後となる1965年には、100カ国以上が独立を達成しているのである。

日本政府も日本企業も、こうした旧日本軍による白人諸国への鉄槌を有色民族の全て（除・中国、韓国）が歓迎している事実を強く認識して、貿易や投資などを積極的かつ誠実に進める必要があろう。

さらに、東チモール（1999年）、アフガニスタン難民救済（2001年）、チモール暫定行政機構（2002年）、イラク難民救援（2003年）、イラク被災民救援（2003年）、ネパール政治ミッション（2007年）、スーダンミッション（2008年）、ハイチ安定化ミッション（2010年）、チモール統合ミッション（2010年）、南スーダン共和国ミッション

（２０１１年）など、これまでに11のＰＫＯミッションを果たしている。

特にイラク戦争で崩壊したイラクの社会資本を再構築するために派遣された自衛隊部隊は、陸自の佐藤正久１佐（現・参議院議員）等の部隊によって再構築され、現地住民は佐藤１佐の部隊帰国を惜しんで、デモまで繰り出して日本に帰るなと熱望したほどである。

シンガポールにある【東南アジア研究所】が、２０１８年秋から12月までの期間に東南アジア10カ国の有識者１０００人に対して、「平和や安全保障・繁栄などに関し『正しい行動と貢献をする国』」はどこか、というアンケート結果を２０１９年１月に公表した。

その結果、１位が日本（65・９％）、２位ＥＵ（41・３％）、３位米国（27・３％）、４位インド（21・７％）、５位中国（19・６％）であった。さらに、日本を信頼している度合いを国別でみると、カンボジア（87・５％）、フィリピン（82・７％）、ミャンマー（71・９％）と高かった（産経新聞、２０１９年１月７日付け）。

一方、同研究所の調査で、不信感を抱いている国のトップは中国（51・５％）、２位が米国（50・６％）であった。また、経済的に最も影響力がある国は中国（73・２％）で、米国（７・９％）、日本（６・２％）を大きく引き離していた。日本企業は中国や韓国に投資をすることは危険なのである。

日本は戦後、ＯＤＡをはじめとする経済外交を東南アジア諸国に行ってきたが、日本の経済外交はそれほど評価されていなかった。それにもかかわらず、安全保障や貢献を高く評価していたのは、自衛隊によるＰＫＯや国際緊急援助隊などの活躍が、ＡＳＥＡＮ（東南アジア諸国連合）諸国の国民に強い信頼感を与えていたことを証明している。

このことは、白人以外の国々で行うビジネスにとっても、相手国から無言の好意が寄せられて売買契約を成立させるケースが、しばしば発生している。

9 病院船派遣とPKO、さらに難病克服の研究を進めよ

1 病院船派遣で無医村を救う

病院船派遣が最も感謝される

日本は国連PKO活動に、自衛隊の派遣と資金の援助を行ってきており、特に後方支援業務では紛争終了後の国々から高い評価を受けてきている。ただ紛争とは別に、日本の経済力と技術力に鑑(かんが)み、人道的観点から途上国支援を行う必要もある。

それが「病院船の派遣」と「難病克服」である。病院船は、もともと軍隊に付属する医療従事船として開発され、日本でも第二次世界大戦中には病院船が活躍していた。ところが、戦後になって病院船建造の話が出ると、野党が建造に大反対をした。理由は病院船を持てば、戦争に直結するというものであった。

しかしながら、阪神淡路大震災や3・11大震災の発生によって、病院機能が壊滅状態になることを防ぐ意味でも病院船は必要とする認識が生まれ、現在では厚労省を中心に病院船建造計画が進められている。実際、「令和6年能登半島地震」の際にも、能登半島一帯の病院施設は壊滅状態にあったので、病院船があれば負傷者や被災者を収容できたはずである。

米国では、戦後の病院船は戦地への派遣を行うほか、米軍が戦争のない時には、中米や南米あるいは南洋諸島などの医療設備のない地域へ、病院船を派遣して発展途上国の医療に貢献をしている。実際病院船の規模は4万5000tのマーシー級や、コンフォート級の船で、いずれも1000の病床を持ち、12の手術室ほか、集中治療室や各種先端医療設備を整えている。

日本の病院船は途上国向けと震災時の病院機能

一方、日本の医療技術は世界でもトップレベルにあると言っていいであろう。特に途上国の患者に必要なのは、眼科、皮膚科、耳鼻咽喉科、外科、内科、歯科などであるが、これらの分野は薬剤も含めて、日本が米国とともに最高水準にあると言われている。これらの分野は医者の数も多い。

要するに、医療に関しては、中国は日本に比べて大幅に劣っていると、言わざるを得ない国である。それでも、親中国国家を増やすために、自国民を犠牲にしても途上国援助を続けているのである。

「病院船の派遣」は、実は「ＰＫＯ」業務ではない。なぜなら病院としての機能だけで、どこの国にもある病院と同じだからである。ところが、病院機能が整っているのは、先進国か新興国だけで、１００カ国以上もある途上国には先進国にある「病院」はないのである。まして途上国の地方では、まず整った「病院」など見当たらない。

それゆえ、途上国にとっては米国などが送り込む病院船は、救いの神に近い存在である。中国は、そこに目をつけたのである。戦略といえば戦略なのであるが、日本の場合も、病院船は、国内で毎年発生する大規模災害への備えとしても不可欠なものである。

ともあれ、日本としては、少なくとも7万t級の「病院船」を6隻建造し、国内の3カ所（北方、中央、南方地域）に常時止めおいて大地震や大規模土砂災害、火山噴火などに対応しなければならない。

そして残りの3隻は、南洋諸島、中米、南米方面に出て、現地の人たちの治療に当たる必要がある。また、隔年ごとに東南アジアやインド、アフリカ方面にも出て、国際貢献を行うべきである。

難病克服、感染症対策に研究開発費を現在の10倍に

また、ただ病院船を派遣すればいいというのではなく、途上国においては、失明者、聾唖者、難聴者、言語障害者など諸々の難病で苦しんでいる人たちも多いのである。

もちろん、難病の患者は必ずしも辺鄙な場所に多いとは限らず、日本国内でも失明している人たちは多い。特に失明者に対しては、周囲の人や物が明瞭に見える技術をなんとしても開発してほしいものである。人間にとって、光や周囲の景色が見えないことほどつらいことはない。日本人の眼科医や製薬会社、眼瞼研究所などで研究に従事する人たちには、是非頑張ってほしい。

また、難病で苦しむ人たちは日本でも１００万人を超えているが、難病に対する薬などの開発は進んでいない。そのためにも、医薬品の研究開発資金は、10個のプロジェクトが終わったあとでも、ＰＫＯや病院船の派遣と同様に、難病が克服されるまでは継続して研究資金を供与し続ける必要がある。

今回のコロナ禍において、日本製のワクチンは間に合わなかった。２０１９年度におけるワクチン開発費は74億円であったが、米国は同じ年度に５３００億円、中国は２６００億円を投入していたが、日本ではワクチンが間に合わなかった。研究開発費が余りにも少なかったので当然であった。

日本では１９９０年代に予防接種の副作用問題が起きて、集団訴訟などで国が敗訴していた経緯があった。だが少なくとも10倍の７４０億円を投入していれば、技術力はあるので日本製ワクチンは間に合ったのである。ソウシケツパワーのない官僚の考えでは、はじめから無理であった。

さらにChatGPTや生成ＡＩ技術を使えば、開発は早まるに違いない。もちろんワクチンのみならず、不治の病と言われる難病も、解決へと導くことができるかもしれない。

要するに、日本の途上国への病院船派遣は、純粋に病気根絶を目指すものであるから、被派遣国は心から感謝するであろう。また、難病治療に関しても、日本人医師の優れた技術が患者を健康体へと導くので、治療薬とともに大いに感謝されるに違いない。

中国の病院船派遣の狙いは、軍事基地を設置すること

一方、中国も２万３０００t、３００床の病院船を持って、中米カリブ海諸国や、南太平洋地域に派遣している。赤道に近い太平洋諸島は、戦前の日本が委任統治領（マリアナ諸島）として持っていた地域であるが、中国は、この地域に病院船を派遣して、現地住民達に感謝されている。

しかも医療技術に関しては、日本が中国よりもはるかに優れたものを持っている上に、国民に占める医師の割合も、中国は日本よりはるかに劣る国である。例えば、人口1万人に対する医師数の比較では、日本が24・9人に対して中国では19・8人、また病床数も人口1万人に対して日本は128・4床を持つが、中国は43・1床である。このことはGNPに占める医療関連支出を見ても、日本が11・1%に対して中国は約半分と言われている。

それにもかかわらず、中国人を犠牲にしても太平洋諸島やカリブ海諸国に病院船を派遣するわけは、対米軍事戦略の完成を目指しているからである。中米パナマ共和国のすぐ北に「ニカラグア」があるが、中国は早くから、反米国家・ニカラグアに目をつけて国交を行っていた。そして、このニカラグアにパナマと並ぶ第2運河の建設を始めていたのである。ニカラグアには大きな湖があるので、この湖も利用して2010年代から大西洋に出る運河を建設し始めた。

だが、もしこの第2運河が完成すれば、中国は運河防衛のために太平洋側とカリブ海側に、軍事基地を設置することは明白である。その場合には核兵器を搭載した原潜や軍艦、爆撃機などを駐屯させることができるので、米国にとっては一大脅威となる。

ところが2015年前後から、ニクラグアでは国内で反政府闘争が徐々に拡大し、治安が悪化し始めたため、運河建設はストップ状態となっている。その代わりに中国が進めているのが、キューバ国内に軍事訓練施設を建設する計画で、完成すれば人民解放軍を派遣して米国を牽制することができる。当然ながら、米国はキューバ政府に対して中国の軍事施設を建設しないよう働きかけてはいる。

中国は、米国との取引として、日本を含むアジア諸国にある米軍基地を全て撤退させる条件を出すはずで、米国としてもアジア地域から全ての米軍をグアム島まで撤退させざるを得ない。米軍がアジアから撤退すれば、中国は日本からオーストラリアまでの諸国を全てを、中国領土に組み込む計画を実行に移すことは間違いないところであろう。

だが日本としては、レーザー砲を完成させれば、米軍が撤退しても、中国の核兵器を含む巨大な軍事力を、恐れる必要は全くなくなるのだ。

2　日本の技術力は激甚災害鎮圧でも発揮される

波高３ｍでも遭難者を救出する〈「ＵＳ－２」飛行艇〉

地球の温暖化による気候変動は世界各地で災害をもたらしている。特に山林火災は世界各地で発生し、貴重な森林を燃やすだけでなく野生動物や草花さえも絶滅へと追い込んでいる。ロシア、中国、インド、オーストラリア、インドネシア、トルコ、アフリカ各地、米国、カナダ、ブラジル、欧州地域など、被害は世界中に及んでいる。

山林火災は、ひとたび発生すると火災自体が引き起こす風のために、周辺へと火災を拡大するが、これを鎮火することは容易ではない。2022年から始まったカナダ全土の山林火災は、その大量の煙が隣接する米国東海岸一帯を覆い、日常生活にも多大な影響を及ぼしている。

さらに、ロシア、カナダ、インドネシア、オーストラリアなどでは、古代に栄えた樹木が土中に埋まって泥炭化している。そのため、表面で発生した火災を鎮火しても、土中の泥炭は消えずに燃え続けているので、直ぐに表面に火災が回復してしまう。これは「ゾンビ火災」と呼ばれているが、事前に泥炭部分を除去しておかなければならない厄介な土壌となっている。

一方、山林火災の結果は北極海や南極海などの氷を溶かしたり、アルプスなどの氷河を溶かして地球温暖化を促進する。南極の氷が全部溶けるとすると、地球上の海面は現在より60m上昇すると言われるから、沿岸部にある世界中の都市は埋没することになろう。これに世界の火山が大規模な噴火を始めたら、目も当てられないことになる。

だが、実は日本は大規模な山林火災を鎮火する技術を保有しているのである。それは海上自衛隊が保有する「ＵＳ－２飛行艇」である。ＵＳ－２飛行艇は、旧海軍から技術を受け継いでおり、波高が３ｍであっても海上に着水・離水することができるので嵐の時でも活動が可能である。これに対して、米国やロシア、そして中国の持つ飛行艇は、波高１ｍの時しか着水ができない。

ＵＳ－２は、人命救助だけでなく海水や湖水の「水」を15ｔ運ぶ能力がある。だが、ＵＳ－２には、水を汲み上げる装置がないため、火災鎮火には役立っていない。水上飛行艇は海上自衛隊所属で、海難事故にあった自衛官の救助用に使用されるため、消防庁との連携はない。だが、地震が発生すれば大規模火災が発生することは自明なので、海水や湖水を汲み上げ、火災現場で散水する機能を一刻も早く持たせなければならない。

事実、２０２４年１月１日に発生した「令和６年能登半島地震」は、震度７・６で能登半島を中心に大規模な被害を与えた。建物や道路などの破壊は凄まじく、輪島市の朝市広場周辺の家屋２００棟が、10時間以上にわたる大火災で全て焼失してしまった。

だが、もしもＵＳ－２に海水を汲み上げる装置を設置していたならば、焼失家屋は少なくて済んだであろう。ＵＳ－２は時速５６０㎞で飛行できるため、石川県に近い舞鶴市にある海上自衛隊基地に数機を配備しておけば、１時間もかからずに能登半島に駆けつけ、消火活動ができたはずである。できれば、全国の海自基地にUS－2を配備しておくべきであろう。US－2は「新明和工業」が製造しており、本来は輸出をしたいところだが、価格がロシアの水上飛行艇75億円に対して、US－2は139億円と高く、輸入しようとする国は今のところない。

それゆえ、日本からの距離が遠く、かつ経済力のない国や地域での大規模火災に対しては、海上自衛隊が「いずも型」護衛艦に数機の「US－2」を搭載して、現地へ急行し、消火活動を行う必要があろう。

地震・津波・地すべり・火災・洪水から被災者を救助する巨大ロボット

日本は地震国である。理由は日本列島が4つのプレートの上に乗っているからである。これらのプレートは数日をかけて数ミリずつ一定方向に動いたり、潜り込む運動をするために、プレート同士がぶつかったり、プレートの上に乗る土地や山などが崩れたり、陥没したりすることで地震が発生する。

プレートの潜り込み運動が大きかったり、別の流れのプレートとの衝突が大きい場合、巨大な破壊が地下で発生するため、地表においては道路、橋、建物、山地等が破壊され、大きな被害をもたらすことになる。阪神淡路大震災、東日本大震災、熊本大震災、令和6年能登半島地震など、わずか20年ほどの間に4つもの巨大地震と津波が日本列島を襲っている。

これらの地震による損害額は人命を除いた建物や構造物だけでも、1995年には阪神淡路大震災で9兆6000億円、2004年の新潟中越地震では3兆円、2011年には東日本大震災の発生で17兆円もの被害額を出しており、2016年の熊本地震では4・6兆円の損害額、今回の令和6年能登半島地震も、10兆円近い損害が予測されている。

合計すれば40兆円を軽く突破する被害額であり、政府の財政は余裕がなくなっているのである。

こうした巨大地震は、人間が居住する家屋やビルを倒壊・崩落させる上に、津波も発生させて多数の死傷者を出すとともに火災まで起こして、家屋を焼き尽くす。地震によって道路や橋は寸断されるため、救急車や消防車などの緊急車両は進むことができず、倒壊家屋や瓦礫（がれき）の下から負傷者などの救出が困難となる場合が多い。

そこで人型ロボットに、人間に代わって救助活動をさせる必要が出てくる。鋼鉄でできたロボットの高さは2m、片手で50kg、両手で100kgの重量ある瓦礫を取り除いたり持ち上げて負傷者を救出する。さらに2機のロボットを協力させて負傷者を乗せた簡易担架を、瓦礫の外から救急車まで運搬する。こういうロボットを開発するのである。ロボットを動かすのは、強力な電池や液体水素燃料を使ったエンジンで、瓦礫に埋まった負傷者を探知する電灯やレーダーを備え、人間の指令を誤りなく実行できるコンピュータを備える。もちろん、ChatGPTや生成AIを利用して開発するのは当然である。

こうした機能を持つロボットは、土砂崩れ、雪崩、山津波、津波等の自然災害のほか、鉄道や航空機などによる大規模事故や被災現場でも活動が可能である。こうしたロボットは、日本と同様に地震に悩まされているトルコや台湾などには、数台を贈与してもよいであろう。いずれにしても、10年に1回の割合でM8前後の巨大地震に見舞われる日本であるから、できる限り早く巨大ヒューマノイド（人型ロボット）を備えておく必要がある。

台風やハリケーンもコントロールできる

一方、日本は、毎年7月頃から秋が深まる11月頃まで、台風の襲来に悩まされている。特に、稲をはじめとする野菜などの生育期や収穫期が秋口に集中するため、一～二度だけならば「恵の雨」として歓迎されるが、何度も押し寄せるとなると、植物はダメージを受けて収穫どころの騒ぎではなくなる。

しかも台風の規模が、年々大きくなっている。南の海だけでなく日本列島に近い海域でも、温暖化による海水温度が上昇するため、台風が日本列島に近づいても勢力が衰えることなく、被害をもたらしている。同様の傾向は地球全体で見られる現象である。

台風は大量の雨風を伴って日本列島を襲うため、山間部はもちろんのこと、都市部も農村部も洪水被害に見舞われたり、山崩れや地崩れによって、田畑や社会インフラは大きな被害を受け、時には人的被害も大きくなる。

しかも、台風は同じ地域を何度も襲う一方で、台風に全く襲われることのない地域もある。台風のない地域では日照り状態が続いて、稲や野菜・果物類が枯れてしまうという被害の出る地域もある。

もちろん、フィリピンや台湾なども毎年のように台風による被害を受けている。米国南部に位置するメキシコ湾で発生するハリケーンは、米国南部諸州やカリブ海諸国を襲って人的・物的被害を与えている。

またインド洋で発生するサイクロンも、バングラデシュ、ミャンマーあるいはタイなど東南アジア地域を襲って、人的・物的被害を与えている上に、海上交通は麻痺状態となる。実は、こうした台風の発生を防ぐ方法があるので、以下に説明しておこう。

まず、熱帯地方の海水の表面温度は、摂氏30℃以上になっているため、台風の芽ともいえる

「熱帯性低気圧」が生まれやすい。

しかも、フィリピンを中心とした南太平洋一帯の海水表面の温度は、30℃近くあるが、この高温度は海面下500mまでの深度にわたって、水温がほとんど変わらない「亜熱帯モード水」と呼ばれる海水層がある。特に、夏季になると外気温も高くなるため、熱低が発生しやすくなるが、モード水のために、何度も熱低を生むとともに台風へと発達していく。

そこで、熱低が台風へと発展しないようにする手段を考えればいいことになる。その方法とは、まず100tほどの船に消防艇が使用する「海水汲み上げ装置」を設置するが、この装置は海面下600mまで届く大型ホースで、海底の冷水を汲み上げる能力をつける。さらに汲み上げた海水を100m先まで飛ばすことのできる「放水装置」も開発し設置する。

熱帯性低気圧が発生したら、すかさず「熱低」の中心部に、たくさんの船を配置した上で、熱低の中心部から8方向に向けて、100m間隔で数隻ずつの消火艇を配置する。その上で、放水を行い熱低周辺の海面温度を冷やすことで、台風への成長発達を防ぐことができよう。

この方法は、熱低から台風へと発達して進み始めた段階においても、台風周辺から低温度の海水を放水することで、巨大化を防ぐ役割を果たすことができると同時に、発生した台風の進路・方向をコントロールすることも可能となる。

この方法で熱低や台風をコントロールできれば、台風の季節なのに台風は全くこないで、渇水に悩む地域へ台風を誘導したり、台風の回数の増減させたりすることも可能となる。もちろん、沖縄を避けて東シナ海へと誘導したり、黄海方面へと進ませることも可能となるが、台風の進路をどこにするかは、政府が考えて決定すればいい。ハリケーンやサイクロン等の場合も同様である。

水源地を外国に売ってはならない

日本列島は7割以上が山々で樹木に覆われている。しかもモンスーン気候のために一年を通して降水量が多い。このため、各地の山岳地帯にはたくさんの水源地があって、綺麗な水が湧き出ている。この水源地の水の一部を取り込んで、河川下流や港に待つ「水運搬船」に積み込めば、海外へ輸出することができよう。

東南アジア諸国や島嶼国、あるいはアフリカ諸国などに飲料水として安く輸出すれば、双方の利益となる。ただ、現在、日本の水源地には、中国などが多くの山林地帯を買収している。中国の法律では自国の土地を外国人に販売することは禁止しているが、日本にはない。政府は、一刻も早く強制土地収用法を制定し、外国人への販売を禁止すべきであろう。

同じことは、日本列島の周辺にあるたくさんの無人島を、中国企業（政府）が買い漁っているが、日本政府は何も言わない。これらの無人島は個人の所有となっているからであるが、たとえ個人所有であっても、外国人が買えば外国の領土になるのである。一刻も早く日本政府は、これらの島々を取り戻す必要がある。

また、日本列島には稲の生育にとって重要な「雨水」が、梅雨期にも夏季にも降らずに「日照り」状態が続いて、稲作に大打撃を与える地域が数年ごとに現れる。こうした地域は、旱魃に備えて稲田の上流地域に「地下貯蔵タンク」を設置しておくことも必要である。

3 防衛産業は半官半民の4社体制で

軍需産業を欧米が官営にしないわけ

さて、レーザー砲が完成するまでには、10年以上かかる可能性があるが、その間も日本周辺においては、陸海空からの領域侵犯行為や、情報摂取や撹乱のための電波を利用したり、スパイを使ってハイテクを盗むなど、直接・間接に日本を侵犯する国々がたくさん存在している。

それゆえ、レーザー砲とは別に、陸海空のハイテク装備品は自国で生産をし、余裕があれば輸出することもしなければならない。

民主主義体制下にある欧米諸国が、軍需産業を官営にしないのは、官営にすると競争原理が働かなくなることと、兵器廠の経費が増大を続ける弊害があるとみているからである。一方、官営にしている中国やロシアの場合には、国家財政に占める軍事費の割合が極めて大きい。

欧米では、武器の生産を全て民間企業が行っている。それは武器の生産者は「PL法（製造物責任法）」や労使関係、財務処理、人事などの経営ノウハウも熟知していなければならないからである。しかしながら、国防や軍事の専門家が経営ノウハウに熟知しているとは考えにくい。それゆえ、欧米諸国は「兵器生産と販売」は、民間企業に行わせた方がいいという認識に立っている。

ただ欧米諸国は、ソ連の崩壊によって兵器需要が激減したために、兵器産業が倒産の危機に陥った時、政府が介入して立て直しを図ったが、官営にはしていない。再編が容易だったのは、「一企業の中で扱う大型兵器生産部門が8割以上」あったためである。

筆者が所属していた（財）ディフェンスリサーチセンターが2004年から2年間をかけて、日米欧の軍需産業界が上げる利益率を調査したことがある。それによると、世界の軍需産業界の利益率は7・0％以上を維持しなければ赤字経営となることが分かったが、米軍需産業界は平均して14％以上の利益を上げており、なかには40％もの巨額の利益を上げている軍需産業もあった。

ちなみに米国以外の軍需産業界の利益率は、英国12・0％、フランス9・2％、ドイツ8・0％、イタリア7・0％、日本は4・2％となっているから、日本の防衛産業だけが完全に赤字経営であることが分かる。

日本の「民間企業」全体が2010年に上げた収益は250兆円以上であるが、同じ年の「防衛産業界」の上げた収益は、約1・8兆円であり、欧米軍需産業の大手1社の売上高にも満たない状況にあった。

米欧の軍需産業界は、1990年代中頃から統合を行うことで財政面が安定した結果、新規の先端兵器開発に巨額な資金を投資したが、日本の防衛産業は欧米軍需産業のような財政的余裕はなく、当然ながら各社の研究開発技術は低下するばかりである。

要するに、日本では防衛装備品の生産を、民間企業が行っているが、企業としてはあくまでも余力があるので、お国のために生産を引き受けているというのが実情である。それでも、武器生産から撤退する企業は多く、過去10年間で陸海空の分野から、それぞれ300社ほどが撤退している。

ただ、２０１４年に武器輸出が解禁されたことで、殺傷能力のある武器は輸出ができないが、外国製兵器をライセンス生産で行っている「パトリオット（地対空誘導弾）」などを、米国に輸出することは可能になっている。

自衛官だけが退官後、公務員なのに再就職のための外郭団体がない

ところで、自衛官以外の国家公務員や地方公務員は、退職したあとでも現在の職場が保有している「外郭団体」に雇用された場合、給与も準公務員として支払いを受けるため、老後の生活は補償される。また大手民間企業はたくさんの子会社等を保有しているので、退職者は子会社等への出向が可能である。退職後は年金が生活を補償するため、人生百年時代になっても安心である。

一方、自衛官の退官年齢は、将クラスで62歳、佐官クラスで58歳、下士官クラスは45歳ほどである。ただし、任期制の自衛官は3年または4年で退官している。だが、防衛省の場合、他省庁と違って同じ公共団体であるにもかかわらず「外郭団体」を持っていない。

国家公務員として、あるいは地方公務員として退職した場合、退職（官）者は、その所属す

る団体が作る財団法人や社団法人等の外郭団体に勤務する選択肢がある。例えば、現役の警察官を辞めた後は、警察庁が設置する「交通安全協会」などに勤務することができるし、あるいは総務省を辞めればＮＨＫへの再就職などの選択肢もあるだろう。

ところが、日本政府は、防衛省は戦前に戦争を起こして日本を破滅させた軍隊と同じ自衛隊を抱えるという認識で、防衛省の退官後に再就職する受け皿（外郭団体）を作らせなかった。

しかしながら、多くの公務員退職後の再就職先として様々な選択肢があるのに対して、そうした恩恵が少ない自衛官にも、安心して国家防衛や災害救援活動に取り組んでもらうためにも、退官後の就職受け皿となる外郭団体を保持させなければならない。

しかも軍務を経験した者は、他の職種に再就職した場合でも、組織につきまとう危機管理問題などを、巧みに処理する能力があることを思えば、防衛産業のみならず一般の企業においても是非、雇用しておくべき人材なのである。

日本は、兵器開発を現在は「防衛装備庁」が担っているが、欧米諸国においては「官」で行っていては研究・開発・生産・販売などは、遅れるばかりであるとして、軍需産業は全て民間企業が担っている。資本主義経済の中では妥当な考え方である。

それゆえ、日本の場合は、防衛装備庁が将来必要な武器（装備）を研究し、開発や生産は新たに編成される官民合同の「4社の防衛産業（特殊会社）」に委託生産する方法を採るべきであろう。この4社とは、陸上装備専門が1社、海上装備専門が1社、航空装備専門が1社、宇宙・サイバー・ロボット専門が1社である。

ただし、4社はいずれも「半官半民」でなければならない。すなわち、社員の構成を仮に1社に800人とした場合、民間から400人、退官自衛官から400人とする。つまり民間から1600人、自衛隊からの退官者1600人で構成される。

4社が扱うのは、現在の自衛隊が利用している装備の生産であり輸出である。もちろん、本書で提案している国家的プロジェクトには、4社が個別に参加してもいいし、4社が揃って参加することも可能である。ただし、今現在は4社は成立しておらず、防衛装備庁が研究・開発を担っているから、本プロジェクト参加時点では防衛装備庁とならざるを得ない。

ともあれ、民間企業と防衛装備庁による半官半民企業が成立するが、その特徴として、①利益率の少ない部門をなくせること、②社員の自由な発想を大切にし、③DUTの研究開発に集中できること、④生産に必要な鉄・銅・アルミ、レアメタルやレアアース等の供給が、優先的に購入ができる、⑤半導体産業の充実に全力を上げられること、⑥社員の半分が軍人出身であるために、海外での防災市場等でも巧みに販売できること、などが大きな要因として挙げられよう。

激甚災害対応の救助機械・道具の輸出が増大する

1960年代以降は、民生品として開発された技術が軍事用に転用される時代となり、例えば、半導体、ロボット、誘導装置、漁群探知機、レーザー、各種エンジン、重機、建設機械など、様々な分野の民生技術が兵器類に転用されるようになっている。

こうした民需品が軍需品に転用されることを「スピンオン」と呼ぶが、実は民需品を開発する場合、基礎的な技術からスタートするが、開発が応用段階になると、民生用にも軍事用にも利用できる技術となっている。

逆に軍事技術が民需品に及ぶことを「スピンオフ」と呼ぶが、例えば原子炉やロケット、トレンチコート、缶詰、電子レンジ、ティッシュペーパー、携帯電話、パソコン、インターネット等々、数え切れないほどたくさんの製品が挙げられる。

2014年に、日本はそれまでの「武器輸出禁止」政策から一転し、「防衛装備移転3原則」へと180度輸出を可能にさせた。ただし、輸出製品の内容として、殺傷能力のある完成品と関連する部品の輸出は禁止した上で、①国際共同開発品、②ライセンス生産品、③防災、救難、輸送、警戒、監視、掃海に関する製品の輸出を許可するとした。

では、いかなる分野が輸出品の中で需要があるかといえば、それは防災や救難といった分野であることは間違いない。一方最先端の兵器は、高温、高熱、高圧、耐錆、さらに電磁波やサイバー攻撃にも耐えるものでなければならないが、その上で爆発威力もなければならない。当然ながら、こうした技術は民生用の製品にも応用が可能である。

21世紀に入ってから世界各国を襲う自然災害の規模と被害は、20世紀時代を大きく超えてきている。このため、巨大災害に対して、先進国の一部が救援に乗り出しても、救助体制や規模には限界がある。

世界で最も多い災害の国・日本としては、各種防災品の種類や性能は他国よりも進んでいるから、兵器生産の縮小に合わせて防災品の開発に力を入れるべきであろう。

防衛産業を半官半民の4社体制で進めると仮定して、各種の防災製品で、〔大〕は国家レベルで必要なモノ、〔中〕は自治体レベルで必要なモノ、〔小〕は個人レベルで必要なモノなどに分けて開発したらいかがであろうか。

例えば、①50m前後の海中や水中に水没した「車・トラック・漁船・遊覧船、家屋」などを素早く引き上げるロボット、②山林火災や森林火災に囲まれた「家屋・学校、福祉施設等、被災者」を、耐熱外板で覆ったロボット車、③濁流にのみ込まれ流されていく人を空から救助するドローン型ロボット、④鉱山内部で発生する事故で、掘削作業中に閉じ込められた人を救助できるロボット、⑤巨大地震のために50階ほどの高層マンション内に取り残された人々をドローンなど空中から救助するロボットなど。

それゆえ、各種各サイズの伸縮自在の応急橋梁を建設し、それを運搬する車両やロボット等も開発しておく必要がある。

要するに、各種救助ロボットは、世界中の国々が必要としているので、大・中・小の種類を作り、各国の用途に応じて輸出する必要もある。

一方、政府は遅まきながら、水中ドローンの開発を官民連携で開発することを決定した。水中ドローンは、海底地形の探査や海洋安全保障などに不可欠な探査機である。米国や中国では、早くから開発に取り組んできているが、日本は大きく後れを取っている。技術大国の看板が剥げないか心配である。

巨大地震・巨大台風被害に対する防災用品

また、日本にとって台風は毎年、秋になると日本列島を襲うが、その大きさは1990年代までの台風と比べて、温暖化の影響を受けてかエネルギーが大きくなっているようである。それゆえ、大型台風による被害は人的・物的の両方に甚大な被害を与えるので、各種被害を想定した救助製品を開発しておく必要があろう。

こうした被災者やインフラ利用者を救助するために、現在、自衛隊や消防が特殊機械を保持しているが、数量も足りないし、国際社会では全く不足している。防衛4社は、こうした救援機具・機械を世界中の自治体に販売すれば、世界各国は競って購入するであろう。

それゆえ、防衛4社は基本的に手がける機械や機材は、「人命救助機材」、「被害の拡大防止機材」、「各種運搬機材」、「復興用の器材」で、これらの操作方法やメインテナンス方法である。

防衛4社は、こうした救助用製品を製作し希望する国家に輸出するが、一方で、余裕があればＤＵＴの技術から、レジャー用品、スポーツ用品、プレジャーボート、小型クルーザー、各種ドローンなど、生活に密着した陸・海・空関連の製品を生み出し、輸出することも可能となる。また、宇宙船や潜水船による旅行などでも、様々な事件や事故に遭遇する可能性もあるので、そうした危険を想定した救助用品を事前に開発し、用意しておくことも必要である。

また、大型や中型の救助機器は、操作も難しいことから、販売される前に輸出企業と自衛隊経験の社員が、購入者への訓練を行うなどの体制を整えておく必要もある。なぜなら激甚災害は、年々その規模が大きくなり、救助体制も手順が変化してきているからである。

さらに、防衛4社の社員の半数は、退官自衛官が占めるが、彼らは現役時代にＰＫＯや共同演習などで、海外部隊と何度も顔を合わせており、友好関係を結んでいる自衛官が多い。また2022年現在、海外86カ国に防衛駐在官が赴任していることも、災害救助製品のセールスにも力を入れてくれるであろう。

また、今から15年後あるいは20年後には、レーザー砲の登場で、兵器を使ったあらゆる軍事紛争が、地上から姿を消す可能性が高まっている。そうなると兵器生産は不要となるが、代わって宇宙開発や深海開発などで必要となる。特に月面や火星面での生活や開発が進むが、無重力・真空状態での仕事に加えて、宇宙人が出現するなど危険度は大いに増すことになる。そのため、新たな防衛装備品が必要となるであろう。

軍事関連の情報・通信等の開発は民間企業だけでは無理

また、防衛4社は兵器と連動させなければならないレーダーなど、電波を使用する防衛装備品の生産は不可欠の製品である。例えば、「東芝」はレーダー関連の防衛装備品を製造している会社であるが、2015年ほどから企業内での不祥事や、海外における原子力事業などの躓(つまず)きで、「もの言う株主」や社外取締役などの問題で、2022年現在、レーダーや電波などの防衛装備品の生産に陰りが出ている。2023年11月には、ついに一部上場市場から撤退してしまった。

つまり特殊分野の防衛装備品を民間企業だけに委ねていた場合、企業経営が悪化すると事業から撤退するだけでなく、外国企業に買収される危険が大きいのである。それゆえ、防衛装備品の製造には半官半民の会社で運営される必要がある。

例えば、現在中東諸国で開発され、周辺諸国で航空兵器として利用されているのが「ドローン」である。ドローンは空中からの情報収集・監視ができるだけでなく、銃撃・ミサイル攻撃・爆弾投下やサイバー攻撃など、その用途は極めて広く、しかもヘリコプターよりも運動性能が良く、狭隘（きょうあい）な山間部やビルの谷間、そしてトンネルの中でさえ素早い飛行が可能な上に、飛行機やヘリコプターよりもはるかに安価である。

民事に利用されるドローンは、空からの物流に力を発揮するはずである。街中でのタクシーとしての利用はもとより、空港から直接会社や自宅に行く乗り物として発展するであろうし、郵便物や荷物などの配達業務にも利用されるはずである。

ドローンの用途は広いが、怖いのは、戦場で活躍できるドローンを、都市への攻撃やスパイ行為に利用されることである。唯一、ドローン攻撃を阻止できるとすれば、日本や米国が開発技術を持つ「レーザー砲」しかない。さらに地上と宇宙からドローンを探知できる、高度な性能を持つレーダーが不可欠となる。夜間でも暴風雨の中でも確実に捉えることができなければ、レーザー砲は稼働できない。

ともあれ、兵器製造兼激甚災害産業が4社体制となれば、宇宙・サイバー関連企業がレーザー砲開発ができよう。もちろん、レーザー兵器の開発には、陸・海・空の兵器兼災害産業の参加も不可欠である。

第4章

日本経済の発展を阻害する要因とは

10 「科学技術省」と「情報省」の設置がプロジェクト成功への鍵

1 「文科省」を『文部省』と『科学技術省』に

『科学技術省』は、これからの時代に不可欠な省

貿易国家・日本は、原料を輸入し加工した製品を輸出する仕事、つまり「モノ創り」にある。ところが、21世紀の現在では新興国や途上国が「モノ創り」技術を獲得したため、日本製品は海外市場で苦戦を強いられている。

しかも日本の主な産業は、その多くが中国へ移転してビジネスを行っており、産業界では、さらなる中国への進出を求めていることが、各種の調査で明らかになっているほどである。その上、時代は、モノ創りから「情報」をメインとするサービス産業へと移行しつつあるのが実情である。

しかしながら、日本があえてモノ創りへ挑戦しようとしている「液体水素、潜水貨物船、巨大宇宙船、レーザー発電」などを実現するには、科学技術への投資が不可欠である。

近未来のモノを作るには、開発資金も必要であるが、研究開発そのものを推進する機関が重要になる。ところが現在の日本の科学技術政策は、もっぱら「文部科学省」が担っているために、文教政策に重点が置かれ、科学技術政策は極めてお粗末な状態にあると言える。

「科学技術力」が国家と国民にとって、これほど重要なパワーとなっている時代はない。

以上の理由から現在の文部科学省は、「文部省」と「科学技術省」の2つに分けなければならない。文科省は、もともとは「文部省」であったものが、２０００年頃に独立していた「科学技術庁」が金銭面でのトラブルを引き起こしたことを契機として、文部省に吸収させ「文部科学省」として統一してしまった。

それゆえ、政府がただちに行うことは、文部科学省ではなく『文部省』と『科学技術省』に分けた上で、あらゆる科学技術分野の発展に力を入れる必要がある。一方で文部省は徹底して教育に力を入れなければならない。新たに立ち上げる『科学技術省』と『文部省』の予算は、それぞれ年間10兆円ほど必要である。

また、文科省は２０１０年代頃から社会問題となった、奨学金で学生たちをローン地獄に突き落とした「独立行政法人・日本学生支援機構」のような組織は、絶対に作ってはならない。この法人はブラック企業とつるんで、学生や家族・親族たちまで借金地獄に追い込んでいたことも指摘されていた。

文系・理系ともに「数学」と「正しい歴史」の知識を徹底して教育せよ

ところで、特に文部省が力を入れなければならないのは、国際化の進展する世界の中で、日本人としての「正しい歴史」をしっかりと教育しておかねばならないことである。

次いで重要なのは「国語」と「数学」であるが、特に工夫しなければならないのは小学生の「数学（算数）」教育である。いうまでもなく情報化社会にとって不可欠な知識は、数学、物理、化学、生物といった理系の知識である。

なかでも「数学」は、科学技術全体の考え方の基本となる科目である。長い間、日本の教育は高校以上となると、文系と理系に分けて教育を行ってきた。

なぜ、理系と文系に分けたかというと、小学校段階から数学の不得意な子供たちがでてきてしまうからである。ではなぜ数学が嫌いになるかといえば、小学校低学年、例えば3年や4年の段階で、文科省で決められた時間内で単位を与えるには、教科書や教師の説明だけでは数学を理解できないからである。

ソウシケツパワーの子供は、情報処理の方法が下手なために、成績は振るわない。その結果、小学校5年、6年と進めば進むほど数学を理解できなくなるために、嫌いになっていき、中学に入ってからの数学にはついていけなくなる。それゆえ、「新・文部省」は小学校低学年を担当するクラスを、進度の早いキリハンクラスと、天才的能力を発揮するソウシケツクラスの2つに分けて教育する体制を取る必要がある。

ソウシケツパワーを保持する者が、キリハンパワー抜きで、丁寧に数学を教育されれば、小学校を終えるまでに、数学の基礎的知識を理解するので、中学に進んでも追いついていくことができるし、高校になって物理や化学や地学などでは、自らのアイデアを生み出していくであろう。

なぜなら、情報化の発達した社会では、文系の知識も理系の知識も必要となっているからである。それゆえ、文系の大学に設置されている全ての学部に、1年次に数学概論、2年次で工学概論、3年次で物理概論、4年次で化学概論を、必修科目とするのはいかがであろうか。一方、理系の大学に設置されている全ての学部に、1年次に文学概論、2年次に法学概論、3年次に経済概論、4年次に国際関係概論を必修科目として、設置してみてはいかがであろう。

新文部省は「ソウシケツ人間」の育成を

しかしながら、「文部省」として独立をしても、現在のような文科系「キリハンパワー」を育てる教育は止めなければならない。前述したように、文系キリハンパワーに優れた人物はペーパーテストで100点は取れても、国家Ⅰ種試験にパスするだけで、いざ社会に出ても独創性や戦略的思考、決断力、指導力等に欠けるため、21世紀の厳しい国内社会も国際社会でも活躍ができないからである。

つまり、現在、小中校で行われているペーパーテストで常に100点を取る者（キリハンパワー）を、秀才として高く評価する教育は改め、ペーパーテストで80点しか取らなくても、音楽、絵画、習字、算盤、各種スポーツなどが得意な者を、天才（ソウシケツパワー）として評価する教育を行わなければならない。

なぜなら前述したように、文系のキリハン人間に向いている職業は、弁護士、裁判官、検事、官僚、公務員、大学教授など、どちらかといえば部屋の中で、過去の情報や資料をまとめたり、覚えたり、分析したりするルーティンな仕事を得意としている。つまりキリハン人間は、半年先か1年先くらいまでを考えることはできるが、5年先、10年先、30年先といった先の予測や、戦略的思考には大いに欠ける人たちなのである。

一方、新たに考え出したり、独創的・戦略的な思考のできる人は、学校のテストでは100点を取ることは少なく、大抵は80点から90点を上下する。時には60点を取って舌を出すが、あまりくよくよしないタイプでもある。

ビジネスマン、個人商店経営、工場労働、農漁業などの現場で働く者は、ソウシケツパワーの保持者といってよく、勇気や責任感も強い人種で、言ってみれば本当の天才なのである。

国語力の養成は素晴らしい日本人を作り上げる

もちろん、小学校からの国語教育にも力を入れる必要がある。読解力とともに、古文を理解する力も日本人として不可欠の素養だからである。

平安時代や鎌倉時代の文学を読めることはもちろん、江戸時代の候文(そうろうぶん)なども読めることができれば、誰もが日本の歴史を現代に蘇らせることができることになる。ましてや国語は、日本人の言語を扱う科目であるから、古代の日本語を読めれば、いにしえの政治・経済・社会・健康・喧嘩・戦争・恋・学問、労働、子育て、病気、職業等々を知ることができ、それらを現代に生かすことも可能である。

もちろん、現代でも古文を読める学者はいるが、その人物が全ての分野のことを知るのは無理である。第一、そうした研究者が書いた本を、興味を持って読む人が何人いるであろうか。やはり、一人ひとりが古文や候文を読むことができるようになれば、自分の人生にも大いに役に立つはずである。

逆に、小学校から大学まで必修科目となっている英語は、選択科目にする必要がある。英語は、英語圏出身の人とのコミュニケーションを行うためのもので、学問ではないからである。もちろん、語学の好きな子供に、英語を教える機会があってもいい。

また、数学の小学校レベルの基礎的知識を理解できて、中学数学も無事にこなすことができるようになったら、大学では文系コースや、理系コースに分ける必要はなくなる。実際、21世紀の職場は、文系や理系と分ける意味がなくなってくるからである。

さらに、日本が科学技術を発展させるつもりならば、まず、国公私立大学の大学院〔修士、博士〕に進学する学生の授業料を全額、文部省が負担してもよいであろう。文部省の年間予算を10兆円にするという意味は、大学院生の学費を無料にするという意味も含まれているのである。

民間企業も修士課程や博士課程の修了者を、受け入れて活用すべきなのである。米国の多くの企業では、大学院修了者を高い給料で雇用し、彼等の実力を発揮させる職場を設けている。

一方、戦車、護衛艦、潜水艦、戦闘機などのレーダー、測距(そっきょ)、電波などの知識が不可欠な自衛隊の場合、高度試験を受けて入隊する尉官や佐官の場合は別として、一般の「士」として入隊する場合には、自衛隊創設以来、徹底した座学で数学や物理・化学などの知識を教育している。さもないと高度化された兵器を操作できないからである。それゆえ、自衛隊を退官した者は、企業の理系・文系の両職場をこなせる人材といえよう。

また、政府は日本の研究力が落ちたとして、新たに「国際卓越大学」なるものを設置し、2023年度には東北大学を選定した。ただ、国際卓越大学などをいくらたくさん作っても、研究者に対する管理を厳しくしたり、研究費を出し渋っていては、卓越した研究者など生まれないのである。それゆえ、新たな『科学技術省』は、JAXAをはじめ理化学研究所など5つほどの研究機関を傘下に収め、研究開発のための予算を年間25兆円ほどにすることである。

さらに、国際卓越大学と同様、全ての国公私立大学にも同額の研究費を支給すべきなのである。

2 経済安全保障に必要な『情報省』

お寒い日本の情報機関

ところで、日本と世界の情報組織を比較してみても、日本はあまりにも脆弱な体制であり、これでは身ぐるみ剥がされてしまうのではないかと懸念している。以下に各国の情報機関を比較してみよう。

〔日本〕防衛省の情報本部（2000人）、内閣情報調査室（数百人）、外務省（国際情報統括室＝100人以下）、他に警察庁、公安調査庁、海上保安庁などがあるが、合計しても1万人に満たない。

〔米国〕中央情報庁【CIA】4万人、国家安全保障庁（NSA＝8万人）、国防情報庁（DIA＝1万人）、国家・地理・空間情報庁（NGA＝1万人）。ほかに17ある中央省庁も各1万人以上を保有している。合計すれば40万人ほどがインテリジェンスに関わっている。

米国は人的情報を、世界220ほどの国・地域にある大使館と領事館に情報員を派遣して情報を収集し、所属官庁に情報を送っている。そのほかにも、宇宙からの情報も得ているが、各省庁が得た膨大な量の情報は国家情報庁に送られ、さらなる分析が行われている。

〔英国〕MI－6、MI－5、防衛情報幕僚部（DIS）、政府通信本部（GCHQ）、国防地理画像情報庁（DGIA）等、いずれも2～3万人の要員で運営。合計すれば10万人以上が従事している。

〔フランス〕〔ドイツ〕〔ロシア〕〔中国〕〔イスラエル〕なども10万人以上の規模で運営されているが、詳細な人数は機密のために不明である。だが、いずれも10～50万人が従事しているものと推定される。

さて、収集してきた各種情報をいかにして分析するかは、各情報機関の分析官の能力にかかっているため、その資質も考慮する必要があるのは言うまでもない。

もちろん、各情報機関で分析した情報を一元化しなければ的確な情報とはならない。このため、米国では中央情報局（CIA）ペンタゴン傘下の国家安全保障局（NSA）、連邦捜査局（FBI）などの専門家が分析作成したインテリジェンスを、国家情報長官（DNI）に集約している。

次に英国における情報分析は、秘密広報部と政府通信本部、保安部（国内）、国防情報本部（軍事）などが行っている。国家情報の中核は国防情報本部（ＤＩＳ）が行うが、ここは情報収集部門と情報を評価する部門からなっている。

一方、フランスの情報収集と分析は、国防省傘下に対外安全保障局（ＤＧＳＥ）、軍事情報局と内務省傘下の国土監視局、情報総局から構成されているが、分析を１機関で行うために異なる分析結果が出て齟齬を来すこともある。それでもＤＧＳＥは年間７０００件もの報告書を関係諸機関に配布している。

またロシアは、ソ連邦が解体されるまで機能していたＫＧＢは、現在、国防省参謀本部情報局（ＧＲＵ）、連邦保安庁（ＦＳＢ）、対外諜報庁（ＳＶＲ）に分けられているが、各情報機関の長は、大統領の息のかかった人物が任命されるため、直接大統領が活用していると言われている。

イスラエルの場合も、情報分析が軍の情報機関から派生したこともあって、国防省傘下「アマン（軍事）」を中心に情報収集と分析が行われているが、「モサド（対外）」、「シャバク（治安）」も収集と分析は優れている。

さらに重要なことは、公開されている情報や苦労して得た情報も、これに基づいて「勝利を得」たり「利益獲得」となる戦略や戦術を立案しなければならないトップの人物に、情報重視や歴史観がないと間違った立案をし、相手につけ入られる結果となり敗北の憂き目に遭うこととなる。

ともあれ、情報化時代の21世紀に、『情報省』を持たない国は生き残ることができない。それほどに重要な機関である。ただし、「省」だからといって、従来の省庁のように国家Ⅰ種試験にパスした官僚が、組織の枢要なポジションに配置されたら、本来の情報機関の機能を失うであろう。それゆえ、新たな『情報省』には、キリハンパワーの多い文系官僚を、上のポストに置いては組織は機能しなくなるから注意が必要である。

日本には情報収集や奇策を弄する「忍者」や、敵地に長年住み続ける「草」と言われる諜報員を持っていた歴史がある。ただし、彼らの地位は武士よりも低い場合が多かったし、使い捨ての地位にあった。だが21世紀の新諜報員は、高い地位と報酬が用意されなければならない。

一方、日本の国家的プロジェクトとして、「巨大宇宙船」を完成させたならば、地球上空の4カ所に日本独自の宇宙ステーションを建設することが必要であるが、そのうちの1つは情報収集を専門に扱う機能を持たせる必要がある。現在の国際宇宙ステーション「ＩＳＳ」は、米国が１９７０年代の後半から、スペースシャトルを使って数年をかけて建設したものであるから、米国が情報収集面を含めて主導権を握っている。

しかし日本が巨大宇宙船を実現させれば、1年もかけずに、4つの独自宇宙ステーションを建設できるであろう。そして宇宙から地球上の天候状況、海洋管理、軍事紛争のチェック、国際犯罪のチェック、農作物管理、物流管理など、レーダーやアンテナを張り巡らして、国際情勢、宇宙情勢などの監視業務を遂行できることになる。もちろん、そのうちの1つは、宇宙観光用・日本の子供たちの学習施設として利用されることは論を俟たない。

国も企業も情報漏洩に甘過ぎる

当然のことながら、「スパイ防止法」は最低限度制定しておかなければならない。日本は民間企業のみならず、政府の研究機関さえも中国人スパイのターゲットになっているのである。

2023年6月、警視庁は国立研究開発法人「産業総研」の主任研究員である中国人権恒道（チュアンヘンダオ）を、フッ素化合物の合成技術に関する研究データを盗み、中国企業に流していたとして、逮捕している。この産業総研には230人の研究員がいるが、このうち147人は外国人であり、さらに中国人研究者が52人を占めている。

しかも権恒道容疑者は、中国が国を挙げて進めている「千人計画」のメンバーで、中国へ送る科学技術者と科学者を集めるメンバーであることも分かった。権恒道容疑者から「ノッ素化合物」の機密情報を受けとった中国企業は、ただちに特許申請を行った。

２０２３年現在では、日本に居住する中国人は、50万から60万とも言われており、横浜や神戸などの中華街が拠点を担っていると考えられている。こうした外国人スパイなどに対して、日本はあまりにもゆるすぎる対応を取ってきた。

過去においては、民間企業が中国やロシア、そして韓半島等の産業スパイのターゲットになってきており、日本が新たなプロジェクトを立ち上げれば、中国のスパイが暗躍するであろうことは論を俟たない。一刻も早く「スパイ防止法」を制定しておく必要があろう。

また中国は日本を含む世界53カ国に「秘密警察署」を設置し、在外中国人の行動や言論を取り締まると同時に、当該国に居住する中国人に対して、中国からの指令をきちんと履行しているかをチェックし、違反者は中国に送還するなどしているという。

２０２３年10月、英国の情報機関「ＭＩ－５」は、中国情報機関のスパイ網が英国の人工知能、量子コンピュータ、合成生物学などの先端技術に関する研究者や企業関係者など２万人と接触してスパイ活動を行っていたことを明らかにした。

英国のようにスパイに関する情報に詳しい国でさえ、中国工作員のターゲットになっていて、先端科学技術情報を盗まれているのである。ましてやスパイ天国と言われる日本では、あらゆる分野で中国人工作員に貴重な情報を盗まれていると考えられる。

政治家には親中国派、外務官僚にはチャイナスクールなどのメンバーが、中国のために日本の情報を提供する役割を果たしていると言われている。これが事実ならば心配である。

退職後も就業規則で縛りをかける米企業

米国では、在職中の労働者は就業中の「忠実義務（duty of loyalty）」を負うのは当然としても、退職後においても使用者の営業秘密や顧客関係などを使用させないよう「競業避止特約（restrictive covenant）」を締結することが多い。

ただし、情報関連やハイテク関連の企業、そして新興企業などは、こうした退職後の特約を社員と締結するが、最近では下級の労働に従事する者に対しては、不要とする企業が多くなっている。また、米国の場合には、州法によって制限の厳しいところと、比較的ゆるやかな州があるため、転職を目指す有能な者はゆるやかな州への転職を希望すると言われている。

日本の場合も、労働者は在職中は会社に対して競業避止義務を負うが、退職後の労働者に対しても、「競業避止特約」が必要となる。ただし、退職後の労働者に対しては、「職業選択の自由」という憲法上の制約もあるため、こうした特約を結ぶ企業は限られた数に留まっている。

つまり通常の日本企業の場合には、明治以来、今日まで転職者に対して極めて甘い対応しかしてきておらず、労働者の善意に依拠する社会風土を形成してきた。ところが、1990年代から始まった「グローバリズム」の社会では、大量の外資が入ってきており、企業秘密や特殊能力を持つ者を、巧みに転職させるなどして企業の重要機密を盗用する外資が、極めて多くなってきている。

やはり、日本企業も米国企業のように、退職後も「競業避止特約」を結んでおくことが、企業の発展に繋がるのではなかろうか。そして、もう1つ重要な問題が、人口減少への対策である。

中国系企業に蚕食されている政府機関や民間企業

例えば2018年3月に明らかになったのは、「日本年金機構」が500万人分の年金受給者名簿を作成するに当たって、毎年民間情報会社に委託していたが、委託された民間会社（SAY企画）は、名簿作成費用を格安に引き受ける中国企業に再委託していた。

しかも委託された業者は、データの入力ミスまでしていたために、130万人が過少支給されていたことも判明した。さらにこのうち6万7000人分が放置されていることも明らかとなった。

中国企業に入力を委託した情報には、年金受給者の個人名のみならず、年齢・住所・受給額・家族構成などの個人情報が全て流出していた。当然ながら反日政策を進める中国にとって、これは格好の情報となっている。

中国は同様の方法で、研究所をはじめ、地方自治体や民間企業あるいは大学などに対し、格安の値段を提示して入りこみ、個人情報を収集している。

ソフトバンクの子会社である「ライン社」は、システム立ち上げから中国技術者に依頼してできた会社であったが、2021年2月になって中国技術者がライン利用者の個人情報を窃取できることが明らかとなった。

また、中央省庁や自治体が困難な問題の分析作業や、膨大な資料の整理には、民間企業に入札で安く受託させる場合が多いが、入札に参加する業者の中には中国系や韓国系の業者が含まれていることが多い。

だが入札への参加は自由であるから、担当役人は金額の多寡だけを基準とする場合が多いため、重要な分析や情報漏洩を考慮しない場合が多く、結果として重要情報が容易に外国に流出することになる。要するに、官も民も、儲け主義が安全保障に優先しているのである。しかしながら、外国系企業が入札に参加する場合は、特に慎重な対応が必要である。

中国系の企業には特に気をつける必要がある。

2023年3月に、中国で長年医薬品関係の仕事をしていたアステラス製薬の現地法人では、トップクラスの人物が帰国直前に中国当局によって拘束された。

理由はスパイ行為というが、それは全くの嘘で、中国の製薬をはじめとする薬品関係の事情を全て知る人物が日本に帰国されては、中国の薬品業界にとって不利として、彼を拘束したのである。

だが、中国政府の情報機関は、日本にある中国大使館に数百人の情報員を送り込むほか、日本の科学技術、安全保障、産業界、大学研究所、マスメディアなど、あらゆる箇所にスパイを送り込んで情報を収集しているのである。日本政府は、違法に活動している彼らを、どしどし逮捕すべきなのである。

一方、中国は2023年7月から「反スパイ法」を施行したが、具体的な違反行為が示されておらず、全て当局の独自判断によってスパイか否かが決定される。しかも、裁判において判決を受けても、適用される法律は示されない上に、裁判は非公開である。中国に拠点を置く日本企業などは、このスパイ法に戦々恐々となっているが、それならば、さっさと中国から撤収してベトナムやインド、インドネシアなどに拠点を移すべきであろう。

『情報省』の設置と、組織の長は自衛官出身者に

日本だけでなく世界各国でもサイバー被害が出ている。ただ米国ではサイバー攻撃を受けた場合、法律によって攻撃源を辿れる「侵入者例外」規定があるが、日本の場合は攻撃に使われたサーバーを調査しようとしても、管理者の同意がなければ「不正アクセス禁止法」という法律によって攻撃元を辿ることができない。

さらに、内閣のサイバーセキュリティセンター（ＮＩＳＣ）は、中央省庁の通信を監視できるが、民間企業・私立大学・私立病院などは監視の対象外で、サイバー攻撃があったことの報告を受けるだけである。

問題は、担当者の数だけでなく内閣情報調査室のトップが必ず歴代警察出身者が占めてきただけでなく、その他の重要ポストにも警察出身者が就いていることが多いことである。

国家安全保障会議や国家安全保障局が必要としているのは、防衛省・自衛隊や外務省からの情報であって警察ではない。さらに宇宙からの情報も必要となっている今日では、科学技術者の参加も不可欠となっていることを忘れてはならない。

米英をはじめ各国の安全保障機関の長が必ず軍人出身者によって占められているのは、国家の安全保障に関しては、国際治安を対象としている「軍」からの情報と分析が不可欠だからである。警察はあくまでも国内治安機関であるから、警察出身者では国際社会の安全保障には疎いことに気がつかねばならない。

なぜ、国家の安全保障分野で警察出身者が多数を占めているかというと、戦前において陸海軍からかなり苛められたとする被害者意識が強いため、自衛官には決して要職のポストを与えないとする、暗黙の意識があると言われている。

また、公的機関が情報を国民に知らせる場合も、遅れた対応が目立つ。ごく卑近な例を挙げれば、JRの電車が突然停止した場合に、車掌が乗客に知らせる時間が長過ぎる。

あるいはフィリピン沖でM7・7の地震が発生し、日本に40㎝の津波が押し寄せた時、テレビは日本列島の地図上に、20㎝以下の地域を50分ほど画面に映してはいたが、地震発生源のフィリピン・ミンダナオ島の地図は、50分間の放送中一度も映らなかった。

11 日本の発展と果実をむしり取る中国独裁政権

1 コロナ禍も覇権拡大に利用する中国

コロナの発生源は武漢の「海鮮市場」？

２０２０年3月12日、世界保健機関（ＷＨＯ）は新型コロナの感染が世界的大流行になったとして「パンデミック宣言」を行った。２０２２年12月１日時点でのコロナ感染者の数は、世界で6億４８７９万８０００人を突破し、死者数は６６５万人を超えていた。

米国では９５７７万人を突破し、インドは４４５４万人、フランスは３５１９万人に届くまでに感染が拡大した。日本も２０２２年12月11日時点で、感染者数が２５９５万人を超え、死者数は5万１５２５人にのぼっていた。

当然ながら日本経済にも世界経済にも測りしれないほどの損害を与えた。

一方、米国の科学雑誌『サイエンス』は、2022年7月26日に、今回のコロナが発生したのは中国武漢市の海鮮市場で販売されていた野生獣がコロナの発生源であると発表している。

しかも、過去に起きたペストをはじめとする人類に惨禍を与えた病原菌の多くは、中国から発生しているが、中国では近代的治療がなくても、いつのまにか収束していたのである。なぜなのであろうか？

中国では、コロナ患者が国外のみならず、国内においても急速に増え始めた2000年の春頃から、武漢や上海などの大都市などで、ゼロ・コロナを目指して「都市封鎖」を行った結果、この政策を数カ月で効果が出た。このため、北京をはじめとする大都市のみならず、地方の中小諸都市にも拡大し、結果として2023年3月には、コロナが撲滅できたとして封鎖を解除した。

中国政府はコロナを蔓延させた責任を取らねばならない

中国でコロナが発生した初期、日本の政治家の中で唯一人早い対応をしたのは自民党の当時の「N幹事長」で、中国で防護服が不足していると知るや否や、東京都の小池都知事にたくさん備蓄しているのだからと防護服33万6000枚とマスク2万7000枚を送らせた。

もっとも、中国は自民党の「N幹事長」個人に対して感謝しただけで、日本政府や日本国民に感謝したわけではない。なぜなら、防護服が送られたあとも、中国公船は尖閣付近の日本領海を侵犯し続けただけでなく、日本の領海内で操業する日本漁船を拿捕すべく追廻していたのである。

また同時期に、中国軍用機は日本の領空侵犯ギリギリまで接近して、空自にスクランブル発進を何回も行わせている。

さらに厚生労働省の医官を含む官僚たち、外務省そして与党政治家たちに危機管理意識が全くなかったことが、日本での拡大を許してしまったと言えよう。しかもコロナが蔓延を始めた時点で担当大臣が決まったのだが、厚生労働大臣ではなく経済産業担当大臣という経済の再生を担当する人物をそこに充てたのである。

2002年11月に中国の広東省で発生した「サーズ」による損害額は400億ドル（約4兆円）とするエコノミストたちの研究結果が出ている。この時の損害額は、各国が自国で負担をする結果となった。理由は新型ウイルスの発生源は中国であったが、その発生は野生動物の肉を食した結果で、やむを得ないものとして世界が認めたからであった。

だがサーズから10年後に発生したコロナ禍の責任は、中国政府にあることは間違いない。理由は２つある。

第１に、２０１９年11月時点でコロナの発生が分かっていたにもかかわらず、防護対策もせずに国民を海外旅行に出し、コロナ菌を世界中に撒き散らしたこと。

第２に、10年前に「サーズ」が発生した時の原因が、「コウモリ」をはじめとする野生動物を人間が食したために感染した事実が判明していた。それにもかかわらず、中国国内では海鮮市場での野生動物販売を許可していたという事実である。コロナ禍が拡大し始めた時点で、中国政府は慌てて全ての海鮮市場の閉鎖を行った。

２０１０年に中国で発生したサーズは、世界的なパンデミックを引き起こしたが、世界は中国のミスを追求しなかった。それゆえ、中国政府はサーズを引き起こした「海鮮市場」を閉鎖することなく続けさせたのである。

かつて世界恐慌が米国から発生して世界中の経済に大打撃を与えたが、とりわけ第一次世界大戦の参戦国であった欧州諸国は、米国から大量の武器・弾薬・食糧・医療品などを輸入し、その戦債（借金）の総額は１１０億ドル以上に達した。

だが、経済恐慌で苦境に陥っていた米国は、この戦争債権を回収すべく欧州連合諸国に１１０億ドルの返済を求めたところ、逆に欧州諸国は米国が引き起こした経済恐慌の責任を厳しく追及した。その結果、米国は欧州諸国に対する110億ドルの戦債を放棄したと伝えられている。今回のコロナウイルスが、中国武漢の研究所から出たにせよ、あるいは海鮮市場から出たにせよ、中国政府の間違った対応からコロナウイルスが世界中に伝播(でんぱ)したことは事実なのである。中国政府が、その責任を取るのは当然なのである。

福島原発より高い汚染水を放出している中国への外交

日本は2023年8月から福島原発からの処理水の海洋放出を始めた。これに対して中国や韓国は反対の気勢を上げているが、中国自身、黄海や東シナ海にある5カ所の原発から、大量の放射性物質(トリチウム)を海に放出し続けているのである。

しかも福島原発からの処理水が22兆ベクレルなのに対して、黄海にある紅沿河(ホンヤンフ)原発からは90兆ベクレル、同じく泰山(チンシャン)原発からは218兆ベクレル、上海付近の泰山第3原発からは143兆ベクレル、同じく寧徳(ニンドー)原発からは102兆ベクレル、南シナ海の陽江(ヤンジャン)原発からは112兆ベクレルのトリチウムが海へ放出されているのである。

日本が処理水を海洋に放出し始めたことに対して、中国は日本からの魚介類の輸入を禁止し、地球環境を汚染しているとして大々的なキャンペーンを始めた。このため、世界の情報を知らない中国人民は、政府のキャンペーンを信じて日本食堂や日本食をボイコットするだけでなく、現地の日本企業や日本人学校に対して、嫌がらせを行うなどの反日行動を展開している。

ところが、駐日アメリカ大使のエマニュエル氏は、中国漁船が日本の経済水域内に無断で入って大量の魚を捕り、中国国内で販売しているが、中国政府は日本領海内で中国漁船が捕獲した魚については放射能汚染されているとは一言も言っていない、と非難している。米国の艦船は、広い日本の経済水域内で無断で漁をしている中国漁船を、たくさん見ているのである。

ともあれ、日本は外交を通じて、国際社会に処理水の海洋放出の真実を、しっかりし訴えなければならない。東京にある世界中の通信社を外務省に集めて、海洋放出と中国の反対キャンペーンの実態を知らす必要がある。高市早苗経済安全保障担当大臣は、こうした問題に対してWTOに提訴することを検討していると明言したが、是非、提訴してほしいものである。

一方、韓国の原発も日本の福島原発の14倍多いトリチウムを海洋に放出しているのである。なぜ、外務省や経済産業省は、汚染水放出の実体をはじめ、福島産の野菜や漁獲類を危険視して、輸入禁止措置をとり続ける韓国や中国を、堂々と批判しないのか。これでは国家政策の立案者としての資格はないのではなかろうか。

2 日本文明に強烈に嫉妬する中国

中国人が日本に嫉妬し、技術を盗み取ろうとするわけ

中国の徹底した反日政策を考えてみると、その根底に日清戦争や日中戦争で敗北を重ねた屈辱だけがあるわけではない。実は、世界が一致して「日本が世界文明を築いている国」としていることに対する「嫉妬」と「脅威」を感じているからである。

これは、米国の著名な学者であったハーバード大学の故・サミュエル・ハンチントン教授（1927〜2008）が著した、『文明の衝突』が世界的ヒットをしたなかで、世界の文明は7つに分類されると断じ、「欧州文明、日本文明、中華文明、ヒンズー文明、イスラム文明、ラテン・アメリカ文明、東方正教会文明」の7つの文明を挙げていたのである。

しかもハンチントンだけではなく、英国の歴史家アーノルド・トインビー（1889〜1975）や、「源氏物語」を英訳したアーサー・ウェイリー（1889〜1966）は戦前において、「日本文明の独創性」を説明しており、日本を独自の文明圏と位置付けている。

世界のほとんどの学者は「日本文明」が他の文明より2000年ほど遅れてスタートしたに

もかかわらず、紀元後に入るや否や急速な発展をみせ、武士道をはじめとする他文明にはない独自の文化を築き、しかも現代世界に多大な影響を及ぼしてきていることを高く評価しているのである。

だが、実は日本は世界の4大文明の発祥よりも、1万年以上も前に「縄文文明」を創造し、しかも世界各地へ文明を伝播してきていたのである。決して、飛鳥や奈良時代になって突然に文明が起きたのではない。要するに、ハンチントンにしてもトインビーにしても、ようやく「縄文文明」の存在に気が付き始めたのである。

「世界文明」を築き上げた日本の登場に対し、中国は一大ショックを受けたが、中国にとっての日本は、中華帝国発展のための肥やしとして利用するだけでよいと考えていたため、日本が国際社会から信頼され高い評価を受けていることに対して、偉大な「中華文明」を薄れさせてしまう「超偉大な『日本文明』」に一大脅威を抱いているとみてよい。

紀元前3600年に「殷」が誕生し中国文明が始まったが、漢民族は建国以来一日も休まず、異民族と戦う一方で漢民族同士でも激しい戦いを展開してきた。ところが19世紀に入って白人である英国やフランスと争った結果、半植民地状態へと貶（おと）しめられてしまった。

さらに1885年には、同じ黄色民族である日本に完膚なきまでに叩き潰され、1900年の北清事変では白人諸国に交じって唯一日本人が、漢民族の横暴を抑える役割を演じていた。

そして、日本は日米戦争には敗れたが、すぐに立ち直って経済大国の地位を獲得したことに驚きと嫉妬を膨らませ、その怨みの矛先を、長らく中国を痛めつけてきた白人諸国ではなく、日本に向けて、徹底した反日政策を国内で始めたのである。対外的には、南京虐殺をはじめとする虚言や妄言を世界中に発信し、日本を貶めようと努力をしているのである。

もっとも、そうした観念や考えを強く持つのは、1億人近い中国共産党員であるが、江沢民時代に強制的に反日教育を受けた若者たちは、現在40歳以上になっているから、中国国内に住む7割近くの中国人は「反日」を表には出さなくても、心の奥底には持っているとみてよいであろう。しかも現在でも、小学校から大学まで、反日歴史教育を行っているのである。

そうであればこそ、古代中国では儒教のような礼節を説く教えが出たが、誰も感化されることはなく独裁政権と監視・密告・侵略・反乱・大殺戮の歴史を繰り返してきている。

それゆえ、現在の習近平の政権を維持するための政策が、過去の王朝が行ってきたような独裁であるのは当然で、14億人民もその独裁体質を是として認めている。

ただし、中国経済が米国に迫る勢いで発展したお陰で、中国人は豊かな生活をエンジョイできているが、言論の自由や民主的行動が認められない中国民衆にとっては、自由の制限や言論抑圧は当然と思って生きているのである。この場合の自由とは、様々な抑圧からの自由(freedom)のことであるが、中国人民は自由や民主の意味が全く分かっていない。

現在の中国企業だけでなく、一般中国人も共産党の支配下にあるから、中国共産党政府が認めない考えや発言そして行動は一切認められない。逆に中国政府を利する言動や行動ならば歓迎なのである。

核弾道ミサイルを日本に照準中の中国

そして何よりも、日本の企業経営者が理解しておかなければならないのは、中国が1997年以来、日本列島に24発もの核弾道ミサイル「東風21」を、2024年の現在も照準し続けていることである。24カ所とは、陸海空3自衛隊の主用基地と米軍の在日基地である。この核爆弾は1発が300キロトンもあり、広島型原爆の15キロトンの20倍も強力な威力を持っている。

「東風21」は、射程1750㎞の準中距離弾道ミサイルであるが、この発射基地は、北朝鮮との国境に近い通可(トンホア)陸軍基地にある。日本列島は通可基地から1300㎞しか離れていないので東風21は日本列島の北海道から沖縄まで全て射程に入れているのである。

この情報は1997年の秋に、米国ペンタゴンの空軍省から得たものだが、(財)DRCから早速ペンタゴンに確認をとった。筆者はただちに中国人民解放軍の「国防大学」に出向し、問題の確認を行った。会議に出席したのは国防大学の教授たち10人ほどであったが、彼らは核ミサイル24発の対日照準を堂々と認めたのである。

彼らの主張は、日本が国内各地に「核弾道ミサイルを大量に保有する米軍を駐留させているので、対抗上、配備せざるを得ない」と説明したのである。

中国の対応を激しく批難した筆者に対して、彼らは「中国がどの国に照準しようが中国の権利だ、批判することは内政干渉である」としてこの会議は非難の応酬に終わった。

筆者は帰国後、この事実を有力政治家や官僚に訴えたが、彼らは事実確認をしようともしなかった。もちろん非難などしていない。外務省にいたっては当時チャイナスクールが全盛の時代であったから、抗議など思いもよらなかったのであろう。

また、中国は国内に駐在する日本企業の幹部などを、「スパイ」として毎年のように逮捕・拘留している。だが一方で、日本で働く中国人スパイは、日本の電気工業が開発していた「スマート農業」の技術を盗み、警察当局が捜査をしている間に、さっさと中国へ逃亡してしまった。

日本は外相を北京に派遣して、中国が勝手に拘禁した日本人技術者を釈放するよう中国の首相などに要求しているが、彼らは簡単には応じない。それならば、日本も日本企業や大学の研究所で働いている中国人研究者を、逮捕・拘留すべきであろう。

ところでロシアは、１９９３年にエリツィン大統領が訪日した際に、在日米軍がいても対日核弾道ミサイルの照準を全て外したと明言したが、江沢民も胡錦涛も習近平も24発の対日核弾道ミサイルを外したとは言っていない。

南西諸島の危機に対して自衛隊は２０１８年3月に「水陸機動団」を立ち上げ、万一占拠された場合の奪還処置を敷いたが、同日のＮＨＫ朝のラジオ番組で、M解説委員は、水陸機動団を立ち上げれば「中国や韓国に脅威を与えるため紛争を激化させかねない」として反対していた。この解説委員は中国人ではなく日本人であるが、これが日本の公共放送であるＮＨＫ解説委員の認識である。

日本人は中国人の資質を、キチンと見極めよ

急速に進展する国際化時代は、あらゆる国の人々がビジネスや留学あるいは旅行などで往来し、接触が激しくなっている。

だが日本人は、外国人と往来し接触する上で注意しなければならないことがある。それは大陸民族の「資質」である。世界には１９６カ国、７０００種類もの民族・部族がいると言わ

れるから、7000もの異なる民族資質があると思いがちであるが、実は世界の民族資質は7000もあるのではなく、わずか2つしかないと主張した人物がいる。

それは大正時代に活躍した哲学者にして民族学者でもあった和辻哲郎(わつじてつろう)である。彼が世界の民族資質を2つに分類した基準は気候であった。

日本人は海に囲まれた島国で生活をし、雨と湿気の多いモンスーン気候帯の下で稲作を行い、「コメ」を食糧としてきた「稲作民族」である。一方、隣国の中国人をはじめとする大陸に居住してきた民族は、乾燥した大陸気候の下で数千年間にわたって、寒さと乾燥に強い「麦」と、牧畜生活から得る肉類を主食としてきた「牧畜民族」である。

つまり、日本人は農耕民族ではなく「稲作民族」であることを認識しなければならないだが、多くの日本人は、自分は農耕民族であると答える者がほとんどである。これは間違いで「稲作民族」であることを認識してほしいと思う。稲作民族の日本人は、紀元前から、明日の天気が「晴か雨か」を最も重要な生活の基本としていて、危険な情報には無関心だったのである。漢民族のような危険な民族は、弥生時代まではいなかったからである。

しかも日本人は、島国であるために有史以来、ほとんど外国人と接触する機会がなかったため、大陸民族の資質というものを理解せずに開国した結果、外交やビジネスでしばしば手痛い失敗を重ねてきた。

ただ中国人の場合は、殷・周の時代から、中国大陸の真ん中を流れる淮河（わいが）を境に北の部分が遊牧を主体としてきた牧畜民族、南部は稲作を行ってきた民族であった。ところが秦の始皇帝が中国大陸を統一したことによって、中国大陸に居住する全ての民族が、遊牧民族的資質を持つようになった。

それゆえ、和辻は中国人は遊牧と稲作の両方の資質を持つ民族となっており、極めて複雑な民族性を示すと説明している。もっとも、現在の中国政権は北京に首都を置く独裁政権であるから基本的には遊牧民族資質を全面に出す国家となっている。

ともあれ、中国という国は国際法や国際常識が全く通用しない国である。全て中国に利益をもたらすよう都合良く解釈し、かつ実践する民族である。こうした非常識かつ無法国家への対応は、2国間外交や国際外交などで交渉を行っても、無理である。

12 対露外交戦略を立ち上げよ

1 日本人を欧米人より高く評価したゴロヴニン艦長

ロシアは領土問題では絶対に自国の主張を曲げないという国ではなく、自国の利益になれば相手とも交渉するし、譲ることにもやぶさかではない場合もある。

それが1969年に中国と軍事衝突した事件（中ソ国境紛争）であるが、これは2000年には完全に解決しているし、ノルウェーとの安全保障上の境界争いでも2004年に解決をしている。

ロシアは自国にとって利益が大きいと考えれば、相手の主張も受け入れる国でもある。

しかも、2024年現在、ロシアはウクライナへ軍事侵攻し、兵士の損耗のみならず、数百兆円もの国費を消耗させて経済的に弱体化を進めている。このまま侵攻作戦が続けば続くほど、国力の消耗は進み、停戦が実現したあとの経済の立て直しには多額の費用が必要となる。
日本は、この機会を逃してはならないのである。

韓国のGDPより低いロシアだが、エネルギー・鉱物・食料の3資源は豊富

しかしながら、日本との外交交渉となると現政権のロシアは、過去における数々の不法行為を認めようとしていない。日露間には幾つかの大きな問題があるからで、いずれもロシアにとっては国際法に違反する事案ばかりなのである。

プーチン政権になってからも、対日態度は相変わらず頑(かたく)なで、領土返還など思いもよらないようである。

このことはウクライナの領土を侵略しているロシアの姿勢を見ても明らかである。

これまで日本は北方4島に経済協力としてインフラ整備や経済支援などを行ってきたが、これは全くの無駄金で、効果は何もなかった。

安倍前首相が山口県へプーチン大統領を招待して日本酒の獺祭(だっさい)を飲ませても、彼らの4島固守は揺らぐことはなかった。

ロシア経済を概観すると、2020年度におけるロシアのGDPは1・4兆ドル(日本円で

160兆円)、韓国は1・6兆ドル(180兆円)、中国は14兆ドル(1600兆円)、米国は20兆ドル(2300兆円)、日本は5兆ドル(640兆円)である。

ロシアの世界におけるGDPの順位は11位、人口は1億4500万人(日本のGDP順位は3位、人口は1億2400万人)である。

ロシア経済の現状は、原油や液化天然ガス、鉱物、小麦など各種資源を輸出することで支えられている。ロシアには外貨を稼ぐだけの製造業はない。一方で核爆弾は米国(5550発)より多い6257発を保有し、600ほどの弾道ミサイルや原潜、爆撃機などを保有している。

ロシア国民は食糧とエネルギーだけは豊富にあるため、生活用品や娯楽用品などを購入するだけの経済力が落ちても、ただちに政権を変えようとはしていない。

ただ軍事侵攻が長引いていることで、ロシアにとって核兵器や弾道ミサイルの維持には莫大な費用を必要としており、厳しい対応を迫られていることは事実である。米国への対抗上軍事費を削減できず、ソ連崩壊とともに中国へ売却した宇宙ロケット技術も、改めて開発をしなければならず、国家威信が急速に低下している現実に、プーチン政権自身も窮地に立たされているといってよいであろう。

さらに先進国からの経済投資もないため、機械や日用品などの多くを中国から輸入している状態にある。もちろん、ロシアは経済成長をしたいのであるが、経済体制が旧ソ連時代からの共産主義経済体制で資本主義経済体制になっていない。ただ、ひとつだけ解決方法がある。

それは、日本がロシアの「ヨーロッパ部分」に対して大規模な経済投資をしてやることである。ただし、現在のプーチンが政権を握っている限り、そうした経済支援政策は不可能であるが……。

ロシアの海軍少佐、日本人を激賞

外交面からみると、プーチン政権は旧ソ連政権と全く同じ体質であるが、前政権のエリツィン政権は日本に対しては融和的かつ協力的な政権であった。彼が来日した時、それまで日本に照準していた核弾道ミサイルを全て外してしまい、日ロ友好を謳いあげたのである。これに対して、習近平中国は、依然として核ミサイルの照準を日本から外していない。

ロシア人の100％がプーチン政権を支持しているとは思えない。少なくとも50％以上は現政権を支持してはいないであろう。現在のロシア人は、自由と平等というものに憧れを持っているからである。ロシア人の多くが、日本を観光旅行で訪れることになれば、確実に彼等は親日派になるのではと思うのだが……。

かつて江戸時代の末期となる1811年に、軍艦ディアナ号の艦長として、千島列島の海底などの測量を行っていた「ヴァリーチ・ミハイロヴィチ・ゴロヴニン少佐」は、国後島で日本の役人に拘束され、松前や函館などに幽閉された。だが、1年半後に高田屋嘉平衛の尽力で釈放された。帰国後の1816年に『日本幽囚記』という本を官費で出版した。当時の欧州列強諸国は、日本人や日本という国に興味があったが、日本が鎖国体制にあったため、多くの人は何も知らなかった。

そこで、この本は、各国で読まれたが、この本の中で、ゴロヴニンは「日本人は世界で最も聡明な民族」と高く評価している。要するに西洋における初の日本人論でもあった。彼はその後1823年に海軍中将に昇進している。

よく考えてみると、幕末時代から明治を経て今日の令和時代まで、公的な立場で日本人と接触した欧米人や中国人は多数おり、帰国後に日本のことを書いている人たちはたくさんいる。だが、公的な立場に立って、「日本人は白人よりも聡明かつ親切な民族だ」と公刊本に書いた欧米人など、一人もいない。しかもグロヴニン少佐は日本では捕虜として過ごしていたのである。欧米人はいつの時代でも、日本人を低く評価していたのである。

中国人にしても、亡命してきた孫文などを日本人は、大切かつ親切に扱ったが、彼は一言も日本人に感謝するなどとは、本にも書いていないし、言ってもいない。

つまり、ロシア人の中にハッキリと、日本の行動や立場を正しく評価する人物が出てきたと言えるのである。

実はソ連が崩壊する前の1989年に、筆者はソ連大使館の国防武官と喫茶店で会って雑談をしたことがあった。その雑談の中で中ソ関係が話題になったのだが、彼は中国が日米などからの経済・技術援助で、飛躍的な経済発展をしているのを羨むようなことをポロッとこぼしたのである。

そこで筆者は、なぜ、ソ連も経済分野に力を入れないのかと問うと、日米欧などの先進国から経済・技術投資が少ないから無理なのだと述べて暗い顔をしていた。もちろん、その後日本の大手企業、例えば自動車メーカーなどがロシアに工場を建てて、ロシア人を雇用している（ただし、ウクライナへの軍事侵攻が始まってからは、自動車メーカーなどはロシアから撤退を始めている）。

2022年時点では、韓国より低いGDPのロシアが、クリミア半島に続くウクライナに軍事侵攻をする理由は、ウクライナがNATOに加盟するのを阻止したいための行動であるが、この侵攻はロシアとしての「メンツ」の問題でもある。ソ連時代は米国と世界覇権を争う地位に座り続けていたが、国家崩壊によって軍事力も経済力も韓国以下に落ち込んでしまったのである。

ロシア経済にとってのネックは物流

ロシアにとって唯一の救いは、その持てる資源である。ロシアはエネルギー、鉱物、食糧の3資源を豊富に持っている。それゆえ、対露経済制裁を行っていない途上国や、新興国へ輸出をすれば経済が破綻することはない。ただし、高値で売れるはずのエネルギーと鉱物資源は、数量的にも価格的にもロシアが期待するほどには売れない。

それは、エネルギー資源や鉱物資源、そして小麦や馬鈴薯（ばれいしょ）などの食糧資源は豊富に取れるが、これらをモスクワをはじめとする都市や、輸出のための大規模港まで運搬する能力がネックとなっているからである。

ロシアの鉄道輸送は、軍隊輸送や兵器工場への物資輸送が大きな割合を占め、産業用や食糧用物資の輸送は二の次となる。このため、産業や食糧用の輸送はトラック輸送が多い。ところが「JR貨物」によれば、貨物列車1編成（最長26両編成）は、10tトラック65台分の輸送に相当するという。

しかも、鉄道輸送は運転手一人で済むのに対して、65台のトラックを走らせるには65人のドライバーが必要となる。つまり、ロシアの物流は列車にしてもトラックにしても、産業用としては極めて効率が悪く、運送価格が高くついてしまうといえよう。

その上、港へ物資を運び入れてもスムーズに輸出できるのは、極東の地ウラジオストック港であり、シベリア鉄道は軍需物資を優先しているため、輸出入業務は滞った状態にある。黒海の港は民需用としては使用ができず、バルト海の港はNATO諸国の妨害にあって、輸出入業務は時間がかかり過ぎる状態にある。

2 日露問題を解決すべき時期にきている?

ロシア経済が成長しないわけ

筆者は2010年代のある日、財団からの派遣でドイツの大学や研究所を訪れたが、たまたまロシアからドイツへ研究のために来ていたロシア人学者とハンブルクのホテルの中の喫茶室で、会話を交わす機会を得ることができた。コーヒーを飲みながらの2時間に及ぶ長い会話の中で、彼がロシア経済の落ち込みを裏付ける詳細な理由を挙げてくれた。彼の話をまとめると以下のようになる。

第1に、共産主義体制のソ連が崩壊したにもかかわらず、資本主義経済の知識がよく理解されずに進めていった結果、一部の者だけが経済を独占するほかは、依然として共産主義時代の重工業、それも兵器類を重点とする生産体制を続け、兵器輸出が主要輸出品になっていること。

第2に、中工業や軽工業、そして各種部品産業が育っていないために、自動車、電機、通信、機械、物流、医療などの製品が生産されず、これらはいずれも中国をメインとする西側諸国から輸入していること。

第3に、ロシアが保有する資源、例えば世界でも一、二位を誇る石油、天然ガスや、鉄・銅・鉛・レアメタルなどの鉱物資源、さらに農産物等（小麦、大豆、トウモロコシ、てん菜、馬鈴薯など）を輸出して得た外貨を、自国の経済産業に振り向けることなく国防関連にのみ投入していること。

第4に、こうしたエネルギーや鉱物資源などの保有を、一部の特権階級が独占しており、輸出を一手に担って莫大な外貨を獲得しているが、一般労働者にそうした利益は回らず恩恵がないこと。

第5に、豊富な食糧資源やエネルギー資源などがあっても、これらを効率よく運搬して市場へ出したり、輸出ができないこと。鉄道網や船舶輸送網、高速道路網などが、限られた地域だけにしか敷設されていないことなどである。

しかも政治家や官僚機関は、そうした独占禁止法的な特権企業から賄賂を受け取ることを平然と行って、独占企業の便宜を図るなどしているため、部品などを供給する中小企業が育たない。そのため、中小企業を必要とする大企業も育たないことになる。

特にゴルバチョフ大統領のあとを受けて、ロシア大統領となったボリス・エリツィンは、民主化と自由化を急激に進めたため、ロシア経済が対応できず、富が一部にのみ集中し、オルガルヒ（新興財閥）を台頭させた。エリツィンは1999年に辞任した。彼は退任に当たり後継者としてウラジミール・プーチンを指名し、プーチンは2000年に大統領に当選した。エリツィンは、人を見る目がなかったのであろう。プーチンはKGB出身者で共産党員でもあったことで、ソ連時代のロシアの政治体制を好むタイプである。

ソ連後に成立したロシアは、ゴルバチョフ時代からエリツィン時代にかけて、旧ソ連時代に建造した250隻もの原子力潜水艦のうち、老朽化した18隻の原潜解体処理ができず、困っていた。そこで、国際社会は「脅威削減協力計画（CTR：Cooperative Thread Reduction）」を立ち上げ、18隻のうち3分の2の12隻は、欧州諸国がロシアの欧州造船所にある原潜の処理を担当し、残り3分の1はウラジオストックにある造船所内のヴィクター級原潜6隻については、日本が解体処理の引き受けを行ったのである。日本外交は、こうした事実をプーチン政権に説いていない。

ロシアに新幹線を敷くことは？

プーチン大統領にとって彼の軍事政策の一部は支持されていても、経済政策は国民の多くが不満を持っていることを彼はよく知っているが、国民も大統領も資本主義経済による生産体制というものをよく理解していない。

2020年における日本人会社員の平均月収は約40～45万円であるが、ロシア人の平均月収は7～8万円である。ただしロシアは石油や天然ガス、そして鉱物資源が豊富である。

またロシアは小麦やポテトなど農産物も豊富であるから、月収が7万円であっても、実質的には20～30万円ほどの収入を得ているとみてよいであろう。それでも日本がロシアに本格的な経済投資を行えば10年以内にロシアのGDPは400～500兆円になろう。

ロシアのGDPが500兆円台に達すれば、間違いなく自由主義先進国の仲間入りを果たすので、現行の先進国サミットのメンバーとして迎え入れられるはずである。そうなれば、ロシアは極東の小さな北方4島などの経済的価値は全く存在意義が薄れ、しかも日本企業がロシアに大量進出することで、安全保障面での対日恐怖感などは影を潜めるはずである。

ドイツのハンブルクのホテルで話し合ったロシア人学者は、いろいろとロシアの現状を話してくれたが、ロシアは中国に巧みにパワーを吸い取られていることに気がついていないとこぼしていたのが印象に残った。

そこで、筆者は、まずモスクワからサンクトペテルブルクまでの500km の間に、日本の援助で「新幹線」を引いたらいかがであろうか、と提案してみた。彼は、それは素晴らしいアイデアで、ロシア経済は上向くであろうし、第一、ロシア国民は大いに喜ぶと思うと答えた。

またロシア経済がある程度回復してきたら、日本はロシアに対してシベリアの大平原を走り抜ける新幹線による「オリエント急行」の提案をしてもよいであろう。これは、北海道の稚内から海底を通って樺太（サハリンのコルサコフ）に出て、さらに沿海州の都市ハバロフスクからバイカル湖付近を通ってモスクワまでを通す。そして政治情勢が安定していたならば、モスクワ—ウクライナ—ポーランド—ドイツ—フランス—英国へと結ぶことも可能となる。このオリエント急行は、ロシアに多額の外貨を落とすはずなので、この提案は彼らを大いに喜ばせるに違いない。

もちろん、北方領土返還の話は置いておいて、まずは「新幹線効果」というものを、各種資料とともに政権担当者に見せることである。

領土拡張を願うロシア人

プーチン政権下では無理であるが、民主的大統領が登場すれば、日本の対露外交は成果を上げ始めるかもしれない。

もちろん、欧米人とロシア人とを比較すれば、ロシア人の資質は未だ完全に信頼できるところまでには至っていない。600年以上にわたる皇帝独裁政権の中で、ロシア国民は農奴として搾取されてきた上に、20世紀に入ってからも70年以上にわたって共産主義の恐怖政治を体験してきたからである。ただ、中国と違うところは、ロシアは長い年月、専制独裁にして恐怖政治を行ってはきたが、同時に欧州諸国とも長い付き合いをしてきた国で、国民は西欧諸国の民主主義を見てきている。

ロシアでは今年（2024年）の春、次期大統領選挙が行われるが、プーチン大統領と民主派のボリス・ナジェージュジン氏が立候補を届け出ている。ナジェージュジン氏はウクライナ侵攻を止めることを主張しているが、選挙民であるロシア国民の多くはプーチン氏を支持している。最大の理由は、ロシア国民の多くが、国土を回復（拡大）することはロシアにとって重要であるとみているからである。つまり、ウクライナ地方にしてもクリミア半島にしても、1991年まではロシア（ソ連）領土であったという認識を強く持っているのだ。

それがソ連の崩壊により、大幅な領土を喪失してしまったと思っているロシア人はたくさんいる。彼らにすればウクライナにしてもクリミアにしても、当然ロシアに帰属されるべき土地であると考える者が多いのも事実である。

同様のことは、日本の北方領土についても言える。1945年の日本がまさに終戦の決断をする時期に、ソ連は日ソ中立条約を一方的に破棄し、対日宣戦布告と同時に北方領土を軍事占領してしまった。しかも1946年以降、この北方4島に多数のロシア人を移住させ、ロシア領土の実効支配を内外に認めさせようとしてきた。

日本の外交官で、ロシアに不法行為を認めさせた上で、北方領土返還を実現させ、ロシアを対日友好国家にさせる人物はいないのであろうか。

第5章

日本が高度経済成長を持続させるには

13 国際ビジネスに必要な安全保障と危機管理知識

1 ペンタゴンは「博士号」生産機関

米高級軍人に多い博士号保持者

自衛官が経営幹部や大学教授に適任であることをみる前に、米国の実情を見てみよう。米国社会は軍隊や軍人が国家のために汗を流し、時には血を流してでも任務を遂行していることに感謝し、尊敬すると同時に、その軍務経験を高く評価している。それゆえ、退役軍人は企業のみならず研究機関、大学、メディアなど、引く手数多(あまた)の売り手市場となる。

しかし、ただ軍隊経験があるからといって、誰でもビジネス界で重要な地位と高給を受けたり、大学で教授の地位に迎えられるわけではない。

ところが、陸・海・空の中佐の位で軍を退官し、一般社会へと再就職する者の多くは「博士号」や「修士号」を保持している者が多い。日本では考えられないことであるが、米国社会では彼等を歓迎し、彼らの希望する職場へと配置しているケースが多い。

ところで、高校を卒業し軍隊に入隊希望する者は、まず士官となるための教育機関である士官学校に入学する。すなわち、ウエストポイント（陸軍士官学校）、アナポリス（海軍兵学校）、空軍アカデミー（空軍士官学校）で、厳しい受験競争を突破して入学してくる。彼らは4年間の学業・訓練を終えると卒業と同時に任官して軍隊に配置される。

ただ、米軍の総数は120万人で、このうち45万人は海外基地に勤務している。それゆえ、120万人もの軍隊を指揮するには、士官学校の卒業生の数では到底対応できない。

ちなみに、陸・海・空の士官学校の一年度の学生数は、海軍が4500人で一番多いが、陸も空も4000人以上はいる。そこで米国政府は、士官学校に準ずる士官養成方法として、「ROTC（予備将校訓練コース）」という制度を、公立・私立を問わず一般大学の中に導入した。

この場合、大学側が軍に協力してくれるのであるから、見返りとして大学が必要とする科学研究費などをペンタゴンが助成するというものである。

この制度に賛同した大学は、私立・公立を問わず全国で315校ほどあり、軍事コースの授業と訓練を4年間受けて卒業すれば、士官学校出や兵学校出と同じ資格を得て幹部候補生として陸・海・空3軍に任官できる。

他にも米国の各州は州軍（ナショナルガード）を持っているので、そこに入隊する者もいる。例えばテキサス州などは州軍として陸軍と空軍を保有しているが、元大統領のジョージ・W・ブッシュ氏はテキサス州の空軍に勤務していた。

ペンタゴンが佐官に「博士号」を取得させるわけ

ところで筆者はこれまでに横須賀に駐留する米海軍の艦艇を訪問する機会を何度か得ているが、例えば、それらは空母「キティホーク、インディペンデンス、ジョージワシントン」や巡洋艦などである。

その際、軍艦内部を案内してくれる少佐や中佐の多くが、マスター（修士）やドクター（博士）の学位を持っていることに驚かされた。彼等は軍務中に大学院へ出向して学位を取ってくるというのだが、このようなことは日本の自衛隊ではめったにないことだ。

ではなぜ、米軍では軍務中に佐官たちが学位を取れるのであろうか。答えは米軍の巨大組織と世界の警察官としての役割にあった。ペンタゴンが佐官たちに学位取得を勧めるのには2つの理由がある。

第1に、120万人もいる軍人の中から将官へと出世できる人数は、少佐から上に進めば進むほど限られてくることである。士官学校だけでは指揮官が不足するため、ROTC（予備役将校訓練過程）まで設置して士官を増やしたが、少佐までは何とか部隊指揮官のポストを与えることができるが、中佐以上から大佐、さらに少将という将官のポストは数えるほどに少なくなる。このため、中佐に昇格したら除隊を考えてもらう必要がある。

ただ、軍の都合で退役してもらうのであるから、再就職が有利になるよう彼らに資格を取る機会を与えることになる。

少佐や中佐は、退役後に民間企業や大学などへ再就職しなければならないが、企業の場合には修士号、大学教授を希望する場合はドクターの学位を保持する方が有利として、佐官たちは大学院出向のチャンスを積極的に選ぶ者が多い。

第2に、ペンタゴンが佐官たちにドクターディグリー（博士号）の取得を積極的に支援するのは、他国軍隊との合同会議などでの対策に必要だからである。ペンタゴンは、NATO軍との合同会議をはじめ、同盟関係にある国との共同演習や共同訓練に際して行われる会議や、軍事行動の最中に外国軍との連絡・調整などで、他国軍人に対してペンタゴンの戦略・戦術を論理的かつ明快に説明する必要がある。

こうした会議や連絡などの際に、他国軍人がめったに保持していない「博士号」という学位を保持していることは、一種の「権威」ともなり、相手を納得させる効果があると言われる。

実は、2010年以降、中国人民解放軍も「学位」の効果に気づいて、人民解放軍の幹部たちに学位を取得させるようになっている。これは筆者が直接、人民解放軍国防大学を訪れた時に確認をしている。

一方、米軍人で学位取得を目指す軍人の場合、給料の高い大手企業への就職を目指す者が多いのはもちろんであるが、政治任命の高級官僚になって国家政策の立案に関与したいと考える者も多い。その場合には、高名な戦略研究所や連邦議員事務所に就職し、国家政策立案を手伝う必要がある。

政権が交代する時には、政治任命の官僚に就任するチャンスがあるし、そうなれば世界を視野にした国家政策や法案を立案できる。当然ながら、博士号を保持している場合の方が雇用される場合に有利である。

もちろん、修士以上の資格を持つ退役軍人を、多くの大手情報関連産業、軍需産業、石油関連産業、各種製造業、医療薬品産業、金融業、穀物産業、物流関係、メディア界などが雇用する。しかも、経営陣や重要な管理職に就かせる。

修士号や博士号など学位を保持する退役者がビジネスマンになった場合、対外交渉などでも論理的に分析して交渉を進めるし、さらに詐欺などのリスクを見抜く目と勘を持っているので危機管理にも強い。

もちろん、米軍は世界中に基地を保有しているから、士官学校を任官するとすぐに海外軍事基地へと勤務する場合が多く、当然ながら現地の他国軍隊や政府・民間企業などとの接触も起きてくる。つまり人間関係が幅広くなるので、退役して大手企業に就職した場合にも、情報関係や人間関係などで極めて有利な立場を築くことができる。

さらに、教育分野にも米陸海空軍の佐官で退官し学位を保持した者は、各地の大学に教授や准教授として迎えられたり、時には地方の高校や中学の校長として収まる者もいる。大学が退役軍人を教授として迎えるのは、カリキュラムに安全保障や危機管理科目がたくさんあるからである。

それゆえ、佐官として軍務中に大学院に出向できるのは、軍の国防大学院（WAR COLLEGE）のほか、一般大学でも軍人を受け入れる大学院が9つほどある。日本ではあまり知られていないが、例えばオハイオ州のライトパターソン空軍基地の傍にある空軍工科大学は、ペンタゴンが絶大の信用をおく教育機関であるし、バージニア工科大やアラバマ工科大学などもある。

米国の大学が学位を保持する教員を求めるようになったのは、1950年代の初頭で、大学教授の資格が文系・理系に限らず4年制大学を出ただけでは評価されず、少なくとも大学院でマスター・ディグリー（修士号＝MA）の取得が求められたこともあって、軍人の修士号や博士号の取得を後押しすることになった。

さらに、軍隊在籍中に博士号を得た軍人が、退役後、企業に就職して他国企業のビジネスマンと交渉などを行う際にも、国際軍事演習などと同様に、企業にとって極めて有利に交渉を進めることも分かっている。

事実、筆者が訪れた米国軍需産業の経営陣や、部長クラスの人物には米軍で佐官までいて、その後退役して民間企業に就職した者が多くいたが、いずれもドクターの称号を持ってビジネスに従事していたのである。

2 USネイビイリーグが証明する下士官の能力

退役軍人であれば士官・下士官に関係なく米企業は大歓迎

ところで、米海軍を支援する団体に「USネイビイリーグ」という団体がある。これは1902年に米国大統領セオドア・ルーズヴェルトの肝いりで海軍を支援する民間団体として発足した。ルーズヴェルト家は、その後も米海軍に将官を出すなどの親海軍一家である。現在の会員数は400万人ほどで、ライフル協会の500万人に次ぐ大きな団体である。

USネイビイリーグは、現役の軍人は退官後でなければメンバーにはなれないが、第一次世界大戦後は、海軍艦艇や海軍航空機の製造に携わる造船所や航空機産業などの軍需産業界に働く者たちが、ネイビイリーグの会員になることによって、組織は大きくなっていった。現在の規模は300万人ほどの個人会員と、全米の大手軍需産業数百社と、軍需産業以外の大手企業3万社以上のほか、中小企業を含む100万社が会員となっている。つまり、会員数400万ほどの団体である。

日本では、軍隊が日清・日露の両戦役で大勝利をあげたことで、全国民は熱狂的に軍隊を賛美し、若者は軍人になることに憧れを抱くほどであったが、軍隊を継続的に支援するネイビイリーグのような支援団体は結成されなかった。

USネイビイリーグは、現在、世界各国に支部を置いていて日本にも東京と佐世保にあるが、日本人でも会員になることができるので、筆者も推薦を受けて1990年から会員となっている。東京におけるネイビイリーグの会合は定期的に行われているが、日本人の会員は海上自衛隊を退官した将官たちだけで占められている。

この東京での会合では、国際情勢や軍事に関する技術情報が報告されるが、そこに出席する米側の会員は、ボーイング社、ゼネラル・ダイナミック社、ノースロップ・グラマン社、ロッキード・マーチン社、レイセオン社、IBM社など軍需産業界に名前を連ねる企業の会員たちが多く、彼らのほとんどは日本支社に勤務している。

ネイビイリーグのメンバーに聞くと、会員400万人のうち350万人ほどは男性会員とのことである。このうち200万人ほどは大手企業に勤め、30万人が個人事業経営、10万人近い人が戦略研究所、大学などに勤務し、残りは個人会員であるという。要するに、米国社会の労働者の構成は海軍軍人をメインとして、陸軍、空軍、海兵隊、そして各地の州軍出身の人々によって占められていると言っても過言ではない。

下士官でも入社後ただちに中間管理職に

筆者は、ネイビイリーグに所属する60歳以上の米国人会員たちに、機会あるごとに確認していたのは、米海軍に所属して退役した軍人（一般兵、下士官、佐官等）の就職先を聞いたのだが、退役軍人の8割近くが軍需産業や民間の一流企業に就職をしているという話であった。

このことは、筆者が（財）DRCから米国企業100社に対して実施したアンケート調査においても、証明されていた事実に一致するものであった。

さらに興味あるのは、下士官出身であるにもかかわらず、その肩書きが大手をはじめ中小企業の社長、副社長、開発部長、情報部長、広報部長、製造部長など、錚々（そうそう）たる経営や管理部門のメンバーとなっている者が極めて多いことである。そして押しなべて多くが数学の知識を持っていることである。ここに、軍曹として終えた退役軍人が、率先して大手企業に就職するわけがあるといってよいであろう。

大手企業だからといって、高級将校だけが入社後にグッドポジションに就けるのではなく、軍曹レベルでも入社後、直ぐに中間管理職へと就くことができることが分かっているため、退役する前から大手企業への就職を希望していることが分かる。

事実、USネイビイリーグの会員となっている多くは、大手企業を退職した人たちで占められるが、そのうちの8割近くは海軍に勤務していた時は、下士官であったという人たちが占めている。

1869年にアナポリス（海軍兵学校）の校長であったアルフレッド・セイヤー・マハンが、海軍戦略を説いて以来、米国は海洋国家として現在に至るが、士官だけでもアナポリスでは毎年4500名近い学生を海軍に送り出してきている。アナポリスは150年以上の伝統を誇るが、ここを卒業した学生たちは海軍での勤務を通して水兵を鍛えて優秀な下士官たちを育ててきている。

つまり、アメリカ経済社会の中核は、陸軍、海軍、空軍、州軍の退役者たちで占められていると言えるのである。要するに軍人社会と言っても過言ではない。

日本の大企業で、自衛隊の将官や佐官そして下士官出身者を、経営戦略部門や危機管理部門に直結する開発部長や製造部長などに任命する企業は多くない。

日本が巨大プロジェクトを推進して、プロトタイプの製品を完成させると、次のステップは大量生産へと進まねばならない。1つのプロジェクトからの完成品を、数社あるいは数十社で複数製品を製造しなくてはならないが、製造に関わる者は一人ひとりが危機管理や安全保障知識を持っていなければならない。そして何よりも、軍人は士官・下士官に限らず、「数字」を重視する人たちなのである。そうした知識を持つ退官自衛官を、管理者にしておけば製造はスムーズに進むであろう。

退役軍人を優遇する米国の政府と社会

下士官であっても、平均主義のデータで上位成績のために軍隊の司令官地位にいた者よりも、優れた資質を顕わす人物が多数いることを、企業経営者はしっかりと見ているからである。

ベトナム戦争が深みに嵌まり始めた時、北爆を始めた米軍のウエストモーランド空軍司令官は、政府の許可を得ずに何度も北爆を敢行し、結果として戦争終結を長引かせた。その後、判明したのは、空軍基地で北爆作業を行っていた下士官たちは、北爆は効果がないと上官に進言していたことも明らかになった。

一方、米陸軍の将官らの例としては、神奈川県の座間に米陸軍司令官として勤務していたダイク少将と副官であったフジト大佐は、退役と同時にワシントンにある巨大情報関連企業の社長と副社長に招かれ、10年間ほど勤務したあと退職している。筆者が彼らを訪れて仕事内容を聞いたところ、経営戦略ですよと笑って答えていた。

ただ、雑談の中で、米陸軍を退役した者は、海軍や空軍と同様に大手企業や大学、あるいは戦略研究所などに多く再就職をしているとして、多くの事例を挙げてくれた。そして同時に退役軍人が再就職をするに当たって、余裕があって大学などに戻って知識を増やしたり、会社を立ち上げたりできる背景として、退役軍人省による経済支援や医療支援があることを挙げていたことである。

ちなみに退役軍人の多くは「復員軍人省（DVA）」に所属しているが、その数は、2016年時点で2040万人いるから、会員の5分の1がUSネイビイリーグに所属している計算になる。もちろん、陸軍OBや空軍OBの支援団体も充実しており、海軍と比べても決して遜色ない。

2019年現在、米国の現役兵は約136万人、予備役が84万5000人いるが、「復員軍人省」は復員して社会復帰をする旧軍人のために、「軍人生活調整法」に基づいて教育費、職業訓練費、医療費、生活費、住宅費、起業のためのビジネス資金などに対して低金利ローンを提供するなど、生活全体を支援している。

自衛官は国防の仕事に日夜従事し、またしばしば発生する激甚災害への救助活動や、PKOの業務も間違いなくこなしているが、退官しても米国のような「復員軍人省」はなく、再就職の道は全く保障されていない。米軍人と自衛官の退官後とを比較すれば、雲泥（うんでい）の差といってよいであろう。読者はこれをいかに考えるであろうか。

14 変わる国際ビジネスマンの能力と資格

1 21世紀の国際ビジネスマンの条件

国際演習では多言語の会話能力、国際法知識、数学が不可欠

日本にある中央省庁の中で、通常の業務の一環として外国の省庁と定期的に接する省庁は、外務省と防衛省だけである。

もっとも外務省は、政治家が当該国の政治家と会談するために訪問するなどの場合や、在外邦人が犯罪等に巻き込まれた場合に、当該国に常駐する大使館が当該国省庁と接触を行うが、普段は特に駐在国省庁と定期的に接触することはない。

同様に、警察官僚の場合は海外へ逃亡した犯人を逮捕するために、警察から海外に出張する者もいるし、国際刑事警察機構（ＩＣＰＯ）に勤務する者もいるが、数の上ではエリートだけ

である。しかも、毎月のように彼らが海外へ出張するわけではない。

これに対して、自衛隊の場合には日米同盟に基づいて、陸自、海自、空自はそれぞれ定期的に共同訓練や共同演習を年間、何度も行っている上に、安全保障上の多国間共同訓練も何度も行っている。

こうした訓練や演習は、日本国内で行う場合もあるが、米国内や他国の洋上や空域で行われる場合も多い。しかも、共同であるから国際法に基づいた行動でなければならないため、事前の会議も含めて国際法や国内法に精通していなければならない。つまり幹部自衛官は、安全保障と国際法の現場で数学的知識もこなす業務をこなさなければならない。

こうした国際合同演習や訓練に参加する国は10〜20カ国にのぼるが、話される言語は20にものぼる。現在は全て英語であるが、英語を母国語とする国はいいが、そうでない場合には、やはり意思疎通が微妙に食い違う場合が往々にしてある。それゆえ、日本が開発する「完全自動翻訳機」があれば、100%意思疎通がなされて、合同訓練や演習の成果が確実に上がる。そして基礎知識として数学も不可欠なのである。

地球規模で見た場合、地球人口は途上国を中心として80億人へと膨らみ続けるが、同時に国際ビジネスとして使用される言語と、国際貿易としての物流はますます拡大するはずである。

英語が通じる国ならばいいが、アラビア語、トルコ語、ウルドゥー語、ペルシア語、スワヒリ語などを話す人口はますます増えるに違いない。

それゆえ、これらの地域でビジネスを行う場合、英語を使うよりも、直接、現地で話される言語を使用した方が、ビジネスには圧倒的に有利である。それゆえ、完全自動翻訳機を持って交渉する者は、確実にビジネスを成功させるに違いない。

一方、防衛省の官僚組織である「内局」官僚も、自衛隊の海外業務遂行のために、自衛官幹部とともに海外省庁との事前協議にも応じなければならない。

なぜなら、内局の官僚は自衛官の立案する防衛政策を許可したり、自衛隊の装備選定や調達をしたり予算を立てたりするが、一方で、日米訓練や共同演習あるいは多国間共同演習の事前調整、PKO活動における事前調査など、国内の他省庁官僚よりもはるかに多く外国の軍事機関と安全保障問題に関わって、防衛環境の厳しい現実を肌で感じてきている。

ただ、内局官僚も、できれば陸・海・空部隊に4カ月ずつ、1年間ほど部隊勤務を薦めたい。これは要するに、現場を体験することによって、ソウシケツパワーを身に付けるためである。

幹部自衛官はキリハンとソウシケツを持つ

また内局の官僚は外交官としても、海外の大使館に出向経験もあるが、安全保障分野から国際情勢を見てきているので、「安全保障」や「国際政治」に関しては、他省庁から外交官として出向する官僚よりも造詣が深い。一方、3佐以上の自衛官は「キリハンパワー」と「ソウシケツパワー」の2つを併せ持っている。

また、防衛予算を財務省から獲得する役割を持つ内局官僚は、防衛問題に暗い財務省官僚や他省庁官僚から常に後回しにされると言われるが、事実だとすれば、そうした日本の国内行政制度の欠陥を知る経験は、「政治学」を教える際にも役立つはずである。

内局の官僚が退官したあとの就職先は、人数が少ないこともあって大体は防衛産業や関連の企業へ就職する者が多い。しかし、現役中で得る安全保障の仕事での経験は、自衛官と同様に大学教授として学生に知識と経験を教育してほしいものである。

一方、幹部自衛官の場合には、国内と海外で部隊を指揮・統率するとともに、歩兵戦闘部隊、戦車部隊、護衛艦、潜水艦、戦闘機、偵察機などを適確に運用して、国家防衛に任じてきている経験を持っている。ここで重要となるのが数学であり数字である。

さらに、ＰＫＯ活動や国際緊急援助隊、そして海賊対処など外国軍部隊と協力して戦闘以外のオペレーションを行う場合は、長期間にわたる活動であるために、危機管理（戦いの原則）が最も必要となる。

こうした経験を持つ自衛官幹部は、「安全保障論」や「危機管理論」、「戦略論」、「統率論」、「国際法」、「高等数学」などを若者たちに教えることができるし、自衛官幹部の一部は、防衛駐在官として各国にある日本大使館に勤務して、国際情勢・情報も収集しており、「国際関係論」に精通していると言っても過言ではない。

米国や欧州の大学では、安全保障の現場で国際法を駆使してきた退役軍人の知識と能力が、若者教育に役に立つとして、積極的に教授として採用しているが、日本の大学では全く活用方法が分かっていない。

国際ビジネスを巧みにこなすには

ともあれ、国際ビジネスマンとして活躍するには、ビジネスの前に国際的常識と同時に豊富な知識も保持する必要があるということである。そのためには、「国際法、外交史、科学技術、地学、環境」などをしっかり頭に入れておくことが1つ。2つ目に就職をする前に、1〜2年を海外で生活することである。アルバイトをしながら生活費を稼ぎつつ、3カ月ごとに別の国に滞在し現地の人々と交流してみることである。そして3つ目に、日本人としてサムライの気概を持つことである。

外務省は国家試験をパスして入省してくる若者たちに、欧米の大学院に2年間ほど留学させる制度があるが、これはあまり意味がない。なぜならキリハン人間が海外のキリハン大学院に留学しても、ソウシケツパワーを養うことができないからである。

そして民間企業に入って国際的なビジネスマンとして活躍するには、海外事情をしっかりと見聞し、現地の人々との交流が不可欠ではないかと思う。この方法はビジネスマンに限らず、政治家を目指す者、国や地方の役人を目指す者をはじめ、新聞記者を目指す者、さらに大学などで教職に就く者や研究者なども、世界を見ておく必要がある。

白い歯と綺麗な歯並びが好印象を与える

国際ビジネスは、様々な人種が異言語を使って売買交渉を行い、契約へと漕ぎつけるものである。その場合、日本が「完全自動翻訳機」を開発済みであれば、これを使用できるので交渉相手は自国言語の使用に大いに喜ぶはずである。

とはいえ、双方ともにビジネス交渉が初めてという場合は、相互に相手の顔を見、次いで双方が笑顔を作りながら握手のために右手を出し、しっかりと握手をすることから交渉が始まる。

この時、大切なことは相手に自分を好印象づけることが必要であるが、好印象とは、歯を見せて笑顔を見せることである。この歯を見せて笑う場合、「歯並びが綺麗な」上に「白い歯」が並んでいれば、相手には好印象を与えることは間違いない。

ところが、アジア地域に居住する黄色人種、例えば、日本人、中国人、朝鮮人、インドネシア人、ベトナム人といった人々は、他の大陸に居住する人種に比べて、歯並びは必ずしも良くないし、歯の色も黄色い人が多い。

理由は、欧米人は初対面でもお互いに握手をするだけでなく、肩を抱き合い頬を摺り寄せて親愛の情を示すことが、昔からの挨拶習慣としてある。そのため、相手の歯並びや歯の色、さらには口臭に至るまで極めて敏感な民族である。

一方、黄色人種に歯並びの悪い人や出っ歯が多いのは、黄色人種の口蓋が白人種や白人亜種に比べて小さいからである。理由は黄色人種以外の人種の頭蓋骨が長頭型であるのに対して、黄色人種の頭蓋骨は短頭型であり、簡単にいえば後頭部は絶壁型が多い。

口蓋が小さいと、上下の歯列が綺麗に並ばず、八重歯として飛び出したり、乱杭歯となったりして歯並びを乱すことになる。日本では八重歯は可愛いなどと表現されるが、欧米人は「ドラキュラ」を思い出させるので嫌われる。

そのため、歯並びを綺麗にするために、欧米諸国では戦前から歯列の矯正(きょうせい)に力を入れてきた。ゆがんだ歯列を治すには、10歳前後の年齢が最も矯正しやすく、矯正用器具を装着すれば半年ほどで正常な歯列となる。ただし、費用は高額である。

また、上下の前歯8本の歯列が白ければ、相手に好印象を与えるとして、欧米諸国では自然歯を取って、白い陶歯（セラミック）に替える方法が戦後から流行した。特に、映画俳優やテレビアナウンサーなど、メディアに出る人やスポーツ選手などが、高いお金をかけて歯並びの矯正や白い陶歯を利用するようになった。奥歯の虫歯についても、白い陶歯を被せるので、大口を開けて笑っても歯列は全て白く相手に不快感を与えない。

日本から海外に長期出張する人の数は130万人（2023年10月調べ）ほどいるが、未だ歯列矯正や陶歯による白さに注意を払う人は少ない。歯列の歪んでいる人は早めに矯正することを勧めたいし、国際ビジネスでいろいろな人種と逢わねばならない人は、陶歯を利用して清潔な歯をアピールすることも必要であろう。

2 防衛省は「幹部学校」修了者に『博士号』を

自衛隊の防衛大臣直轄の教育機関として「幹部学校」という組織があるが、これは一般大学が設置している「大学院」と同じ組織であり、むしろ高級課程は「後期博士課程」と同レベルといっていい存在だからである。

ともあれ、幹部学校の組織を見てみよう。

自衛隊幹部学校（大学院相当）は、旧軍が保持していた陸軍大学や海軍大学の後継として、戦後、米国の国防大学院と言われる「War College」を真似て1998年に発足したものである。

幹部学校は、大学院相当であるが、一般大学院と異なるのは、いわゆる「修士課程」とは言わず「指揮幕僚課程」と言う。これは米国のウオーカレッジと同じ課程である「CSコース（Command & Staff Course）」を、そのまま翻訳しているからである。

この「指揮幕僚課程」に入学する資格は、若手指揮官として3佐となっている者で、年齢的には30歳前後になっている者である。3佐を対象として「指揮幕僚課程」に入学するためには、英語を含む厳しい選抜試験が行われる。

試験に合格した者は、指揮幕僚課程に入校するが、ここでは1年間の授業が行われ（陸自は2年）、戦術論文も書かなくてはならない。そして、ここを卒業すると再び現場に戻るが、10年間は現場で勤務する。

そして40歳頃に1佐（大佐）になっているが、さらなる学問を積み上げたいと望む者は、職場の上司に相談をする。そして上司は、彼の勤務状況や人間性、学問思考の有無などを総合的に判断して、幹部学校「高級課程」に推薦する。

「高級課程（Advanced Course）」は、一般大学の大学院・博士課程と同じレベルを持ち、そのカリキュラムは、いくつかのコースに分けられ、全員が履修する「安全保障基礎」のほか、「軍事コース」、「科学コース」、「国際コース」、「経済コース」、「政策コース」などに進む。こうした中には現地研修や課題研究としての戦略論文が課されるし、論文発表会も用意されている。

「高級課程」修了学生には博士号が妥当

大学院である陸・海・空の幹部学校には、毎年、米国をはじめアジア諸国から指揮・幕僚課程や高級課程に留学してくる軍人たちがいる。当然ながら「指揮・幕僚課程」には、米国、韓国、シンガポール、インドネシア、インド、パキスタン、アフガニスタン、ミャンマー、モンゴル、タイ、フィリピンなどからの留学生がいて、国際色豊かである。

ただ、彼ら外国軍隊から自衛隊幹部学校へ入校してくる者は、皆、本国で国防大学や一般大学などを終えて軍隊での勤務を10年以上経てきている。それゆえ、自衛隊幹部学校の「指揮幕僚課程」（1年間）を終えて帰国すると、本国からは「修士課程」修了者として扱われる。

一方、「高級課程」となると日本語の素養も必要となるため、派遣される留学生の数は限られるが、それでも毎年必ず入学してくる。こうした留学生のためにも、指揮幕僚課程を「前期博士課程」とし、高級課程を「後期博士課程」と名称を変更する必要があるのである。

ともあれ3佐の自衛官たちは、「指揮幕僚課程」で1年間（陸自は2年）の研究生活を終えると、再び現場の部隊に戻って勤務をするが、その間に2佐に昇格して、さらに上級指揮官の仲間入りを果たすが、同時に統率する部下の人数も極めて多くなる。

そして40歳を過ぎると職場での地位は1佐（大佐）に昇進しているが、陸自では中隊長や大隊長、海自では護衛隊司令や潜水隊司令、大型艦の艦長、空自では飛行隊長などを経験して、いずれも１００人以上２０００人までの部下を指揮統率してきている。

そこで、部隊勤務で優秀な者は、職場上司の推薦を受けて「幹部学校【高級課程】」に入校する。高級課程も1年間であるが、1年間をかけて戦略論文の作成が義務づけられ、後半には「統幕学校」に入って教育を受けるとともに海外研修や国内研修も課されることになる。

高級課程に入校してくる学生は、すでに安全保障や危機管理の現場で20年間勤務して、数々の経験を積んできているが、さらに理論的な研究を行わなければならない。したがって終了後の論文は戦略論文の提出が求められる。

すなわち、高級課程学生の書く安全保障や危機管理の論文は、英語の実力も際立っている上に、一般大学の大学院で実務経験のない者が書く安全保障や危機管理論文よりも、実務に基づいた内容で数段優れていると言えよう。

このことは、筆者が時に読ませてもらう米国『WAR COLLEGE（国防大学院）』の博士論文と、幹部学校・高級課程学生の書く論文は、全く遜色ないのである。

事実、数年前に筆者が指導した海自1等海佐の論文が、英国の『ロイヤル・ネイビイ戦略研究所』の最優秀論文となり、都内の英国大使館に筆者も同席の上で、英国大使とたまたま来日した国防武官から、彼は表彰されている。

ともあれ、指揮幕僚課程（修士課程と同じ）にしても高級課程（博士課程と同じ）にしても、論文を書くだけでなく間に現場での訓練や海外研修などもあり、いわばキリハンパワーとソウシケツパワーの両方を体得することになる。

筆者は20年以上前から自衛隊幹部学校・「高級課程学生」の書く論文を見、発表会でも多くの論文を審査してきた。いずれも見事な内容である。それゆえ、防衛省は筆者だけでなく他の大学院教授たちや教官たちが指導してきた「戦略論文」の執筆者たちには、全て「博士号」を与えるべきではなかろうか。すでに高級課程を修了して現役に復帰している者はもちろん、すでに退官している者たちにも「博士号」を授与すべきなのである。

なぜなら、日本の教育に関することは全て文科省が行っているので、防衛省の傘下にある防衛大学は、他の一般大学と全く同じカリキュラムや単位を整えて教育を行っているにもかかわらず、文科省は「防衛大学」と呼ぶことを認めず「防衛大学校」としている。

それゆえ、本来ならば幹部学校とは言わず、「自衛隊大学院」や「防衛大学院」と言う呼称が適当なのであるが、文科省はそれを認めないし、〔指揮幕僚課程〕を「修士課程」とは呼ばせず、〔高級課程〕も「博士課程」とは呼ばせない。

それならば防衛省は、文科省は認めなくても防衛省が認めて、〔指揮幕僚課程〕の修了者には「修士号」を授与し、〔高級課程〕の修了者には「博士号」を授与すべきではあるまいか。

防衛省は、一刻も早く安全保障に関する修士号や博士号の授与機関として、文科省と交渉すべきであろう。もしも、文科省が応じない場合は、防衛省が認可する「博士号」として、指揮幕僚課程の修了者に付与すべきと思うがいかがであろうか。

また、米国や欧州の退役軍人たちが、ビジネス界や大学界等で活躍している姿を見るにつけ、日本は自衛官の能力が全く分かっていないのではないか、危惧する次第である。

退官自衛官は「企業」でも「教育機関」でも役に立つ

一般兵として軍隊に入隊する場合、他国の軍隊への入隊者と、自衛隊への入隊者の違いが1つある。それは武士道教育である。武士道は、神道、仏教、儒教などの良いところを取り入れて作り上げた精神であるが、責任感が強調される教えでもある。

サムライの子弟が、7歳になって剣術を習う時にまず行うことは、「切腹の作法」であった。世界の民族・部族は7000以上いるが、戦闘技術を教える前に、まず切腹の作法から教える民族などどこにもいないことをみても、いかに武士が「責任感」を重視し、自らを厳しく律していたかが理解できよう。

しかも女子であっても、サムライの家に育っていれば、男子同様、7歳になると自決の方法を教えられ、世間の目で恥となる場合は自ら命を絶つことを教えられている。

もちろん、盗みや暴行、苛めや略奪などは言語道断で、約束ごとも口だけで十分事足りており、契約書の作成など行う必要がないほど、信頼と信用を重んじていた。このことは、人間として「お天道様」に対して恥となる行為を自ら戒めていたのである。

会津藩の藩校・日新館が定めた「什の掟」に見られるような規律は、「外で婦人と話すな」を除いては、現代の子供の教育においても不可欠な内容であり、一神教が行う子弟教育よりもはるかに勝っていると言えよう。会津藩に限らず、各藩の学校教育には、同じような内容が取り入れられていたし、薩摩藩の郷中教育では、「負けるな」があるが、若者教育には必要な1つである。こうした武士道精神は、現代社会では自衛官が最も強く保持している。

一般社会の学校生活でだらけ切った若者の心身は、ここで鍛え直され、自衛官としての資質以前に日本の社会人としての立派な資質を身に付けることになる。そして重要なことは、この教育を担当する下士官はまさに人間教育を施すエキスパートと言っていい。

これまで筆者が米軍をはじめ多くの外国軍隊で見てきた軍人と比べても、おそらく自衛隊はトップクラスにいることだけは断言できよう。なぜなら、士クラスの若い自衛官にせよ、下士官にせよ、そして幹部自衛官にせよ、強い使命感と責任感を持って、国防や災害救助に向かう原動力となって、日本を支えているからである。

それゆえ、文科省は、この自衛官の心構えや責任感を、中学・高校等の基礎教育の中に取り入れる必要があるのではなかろうか。ビジネスの世界に入っても、こうした心構えは重要なのである。

15 ビジネスに必要な安全保障と危機管理知識

1 欧米大学には危機管理と安全保障科目がたくさんある

巨大プロジェクトは、スタートしてから10年後に1号機が完成するが、プロジェクトを成功させるには、大量に生産していかなければならない。

だが、いずれの製品も一社だけが大量に生産することは不可能であり、ほとんどが数十社で生産を担わなければならない。そこで危惧されるのは、参加する全ての企業が危機管理能力や安全保障能力が均一に揃っているなどはあり得ないから、情報が洩れる危険は大いにあり得る。

当然のことながら、日本に経済力を持たせたくない周辺の反日諸国は、あらゆる手段と方法で妨害をしたり、機密を盗み取るなどしてくるであろう。大陸に生まれ育った者は、牧畜民族としてのDNAを強く保持している上に、多くの人種と言語が飛び交う競争社会で生活してきたから、元来が戦略的思考や危機管理思考の点とコミュニケーション能力においても、日本人よりも優れている。

それにもかかわらず、欧米の大学では安全保障を重視する観点から、安全保障戦略や危機管理関連の科目を多く設置しているが、元来が戦略的思考や危機管理思考に優れた民族であるから、これらの教科を学ぶことによって、一層の慎重さと大胆さを身に付けることになる。

だが、日本人は基本的に危機管理や安全保障感覚が鈍いと言われるから、日本が巨大プロジェクトをスタートさせる時点において、関連する企業や研究機関などでは、徹底した危機管理と安全保障知識を習得させておく必要がある。

安全保障科目が戦略的思考を育てる

米国には300を超える大学が「ROTC」課程を設置して、士官学校卒業生と同じ教科と訓練を行い、卒業と同時に軍への任官資格を与えている。さらにROTCを設置していない大学においても、必ず3~4の安全保障関連科目を設置している。

筆者がいくつかの米国大学で調べた結果、いずれも選択科目として設置されていたものである。さらに教授たちに確認すると、学生に人気のある科目は「戦争論」、「戦略論」、「戦史」、「外交政策」などであると答えていた。

特に「戦史」に人気があるが、なかでも「第二次世界大戦史」が多く、また情報通信が取り沙汰される近年は「情報と国家安全保障」といった具合に、選択する科目も時代によって波があった。

欧米大学が「戦史」や「外交史」を重視するわけは、戦史はその国家・民族が他国との戦争を通して、いかなる戦略や戦術で戦って勝利したのか、あるいは敗北したのか、また、外交を行う上でいかなる歴史の中で、いかなる戦略的思考を持って交渉を行っていたのかなどを知ることで、対象国の民族資質と思考形態を知ることができるからである。

学生たちは「戦史」を通して、情報収集と分析によっていかに危機から脱するか、あるいは勝利を獲得するための戦術や戦略策定をはじめ、統率・決断時期などの重要性を、学び取っていくのである。そして、その結果が外交の歴史を通して証明されていることを知るのである。

当然ながら、こうした思考は国際ビジネスや外交にも大いに役立つことになる。

同じことは、筆者が英独仏などの大学を情報収集で訪問した時も、「欧州とロシアの安全保障」を履修する学生が多く、他には「ナポレオン戦争」や「中東問題」に関心が強い学生が多いとのことであった。

そのほか、危機管理論にも興味を持つ学生が多くいることも判明している。ただし欧州の大学では、政治学部の中で安全保障論や平和学そして危機管理論などを必修科目として設置しているところが多く、戦史などは安全保障論の中で取り上げている場合が多かった。

しかも、こうした安全保障や危機管理に関する科目の多くは、佐官以上の経歴と博士号を持つ退役軍人が教授として担当している場合が多かった。

筆者も米国留学中に、こうした安全保障関連の科目、例えばいくつかの「戦史」を履修したことがあるが、教授の話は軍務経験者としての教訓をはじめ、決断力や責任感なども取り上げられて、極めて有意義な内容であった。

米欧の大学で安全保障を教える教授たちは退役軍人が圧倒的に多く、したがって現役時代の国防戦略や戦術などを体験しているから、いろいろな事例も真実味を帯びていたが、とりわけ失敗のケースの話は生々しいものであった。

ともあれ欧米諸国の場合、安全保障や危機管理を履修した学生は、企業に入っても危機管理をしっかりと行うし、あるいは安全保障を専門に研究する研究所に入って自己の能力を研鑽したり、メディアなどに職を得て実務経験を積み、さらなる大きな職場や社会的地位の高い職場を目指す者が多い。

米国ビジネススクール卒は、学部時代に安全保障や戦史を学んでいる

ただし、詳細な情報や統計資料を入手しただけでは、企業経営は成り立たない。戦略的思考を伴わなければならないからである。

例えば今日では、従業員300人以上を擁する日本の中企業や大企業の経営陣には、米国や日本の大学に設置されている「ビジネススクール」で学んだ者を雇用しているケースが増大している。米国ビジネススクールの神髄は、経営モデルの作成に臨んで客観性と分析力を重視する「科学」と言われ、経営戦略が論理的に正しいか、整合性が取れているかに重点を置いている。

ただ注意しなければならないことは、米国人の場合は大学の学部時代に安全保障科目や危機管理科目を受けた者が多いことである。その上で国軍や州軍などに数年間在籍した経験を持った上で、ビジネススクール（経営大学院）で学び直す者が多く、安全保障や危機管理の現場経験を持っていることである。

これに対して、日本人学生が「ビジネススクール」に進む場合は、優れたペーパーテストの優秀者であるから、書類や資料などに対しては情報処理が早く得意であっても、臨機応変の対応力、独創力や決断力を要する激しいビジネスの世界では、成果や結果を出せない場合が往々にしてある。

日本企業においても、米国帰りのビジネススクール終了者を雇用する企業は、2000年代に入って多く現れている。だが、これらの日本企業の経営戦略が大きく発展したとはいえず、米欧中をはじめとする企業の後塵を拝する状態にある。実際、日本のGDPが1990年代以降、600兆円台をうろついているのを見れば明らかである。

つまり、米国式経営は一見すると科学に基づいたマニュアル経営ともいえるが、単に数字や統計に頼る客観的な企画・運営ではなく、現場での体験からくる個人の独創的発想や社会の要請する希望も取り入れていることである。また、せっかくChatGPTなどによって経営や組織運営の分析が出されても、軍事的知識のない場合には、その分析が理解できず採用しないケースも出てくる可能性がある。その上、実施に際しては「現場を重視」し、軍事学に取り入れている「戦いの原則」を知った上で、経営を進めていることである。

具体的には、米国の経営陣は現場をよく知る中間管理者に指揮権を与え、開発に意欲を見せる若手を取り入れてチームを編成させ、これに財政支援をしてプロジェクトを遂行させている。重要なことは軍人の目と行動である。

危機管理や安全保障科目を無視する日本の大学

ところで、筆者は2002年に、(財)DRCから全国300の国公私立大学のカリキュラム委員会宛てに「安全保障」や「危機管理」に関するアンケート調査を実施したことがあった。アンケートの内容は、①貴大学には、現在、「安全保障論」や「危機管理論」といった科目があるか否か、②「ある」と回答した場合、いかなる形で教育されているか、③これらの科目を教育上、必要と考えているか否か、④将来、これらの科目に基づく「学部」または、「学科」の設置を予定しているか否か、というものであった。

アンケート調査は、任意に選んだ国立・公立・私立大学300の大学に送付したが、このうち、200の大学からは全く返事がなかった。一方、回答のあった100校のうち70%ほどの大学の回答は以下の通り。

安全保障論や危機管理論の設置を聞いた回答では、98%の大学がないと回答した。「ある」と答えた大学は4校ほどあったが、カリキュラムとして設置されているのではなく、いずれも一人の教授が担当する「演習(ゼミ)」の中で行っていると回答した。

安全保障論や危機管理論は必要か否かという設問に対しては、「女子大のため不要」、「文科系のため不要」、「理科系大学のため不要」というもので、9割以上の大学が否定的であった。もっとも、医学部や薬学部のような直接人体に影響するような学問を行う大学では、危機管理学部の名称はなくとも、臨床過程や創薬過程で徹底した安全対策をしている。

将来、これらの科目を中心とする学部または学科を設置するか否かの問いかけに対して、国立の1大学が「いずれ開設する」、関西の私大のいくつかが「近いうちに」、開設すると回答したが、これらの大学は2020年現在でも未だ実現していない。

この調査は2002年に実施したもので、あれから20年が経つが、数年前に加計学園が千葉県の銚子市に「千葉科学大学」として設立した中に「危機管理学部」を設置し、2年ほど前に「日本大学」が危機管理学部を立ち上げただけである。

入手した情報を素早く処理するには、若い時の教育によって知識も豊富にあり、関連する資料も多く集まることが必要であるが、危険や危機あるいは安全保障等に関わる事態は、事前の資料はなく、しかも突発的に起こるものである。それゆえ、少なくとも大学教育の中に「危機管理論」があれば、危機にも対応できるはずなのである。

だが、文科省教育の中には危機や安全保障に関する教育科目はないどころか、戦後から一貫して安全保障や危機管理関係は避けてきた。

しかも、大学だけではなく、高等学校や専門学校のカリキュラムにも、安全保障や危機管理関連の科目はない。島国で平和を享受してきた日本人に、大学生だけにこうした科目を教えても、なかなか身に付き難い。それゆえ、少なくとも専門学校の時点で安全保障や危機管理というモノを教育していく必要がある。中学生や高校生に分かりやすく教育できるのは、自衛隊の「下士官出身者」であろう。防衛省は文科省と相談の上で、中高生のカリキュラムに安全保障と危機管理を取り入れる必要がある。

2 国家政策立案作業に自衛官とジャーナリストの参加を

だが、1億2500万人の国民を安全かつ繁栄へと導く国家戦略・政策を立案する中央省庁組織は必要であるが、現状のままでは頼りなさすぎよう。すなわち、キリハンパワーとソウシケツパワーの両方を持つと同時に、危機管理と安全保障知識を持つ者が、国家政策立案者でなければならない。

主導権を奪われた「国際物流路」は、官僚のノウテンキがもたらした

国家戦略の一例を挙げれば、国際空港の「ハブ化」や港湾のハブ化ともいえる「国際戦略ターミナル港」が大幅に遅れている事実がある。皮肉なことに、これら海外のハブ化された国際空港や国際港湾の建設は、日本企業が請け負ってきたのである。当時の経済官僚や外務官僚は、米国やアジア地域のハブ空港を何度も利用していたにもかかわらず、日本はハブ化は不要と考えていたのである。

我が国には成田空港や関西国際空港のような国際線が離発着する空港があるが、そこから直接地方都市とを結ぶハブ（hub）化がなされてこなかった。

外国からのビジネス客や観光客が、日本海側をはじめとする地方都市へ行こうとする場合には、まず成田へ入国した上で羽田まで行き、そこで国内線に乗り換えるという時間と労力そして費用がかかる煩わしい行動が必要である。しかしハブ化された空港では、国際線からほんの少し歩くだけで国内をはじめ周辺地域の空港へ降り立つことができる。

ちなみに、米国には東海岸から北部・南部・西部に至るまで、24の国際空港があるが、その全てがハブ化されて州内のローカル空港と直結している。

1990年代になると、アジア諸国も一斉に空港整備に乗り出し、巨大旅客機が離発着でき

る４０００ｍ級の滑走路を３つも４つも整えた上で、国内ローカル線も集中するハブ化を進め、現在では韓国の仁川をはじめ、香港、シンガポール、北京、上海などにハブ化をした国際空港ができている。

例えば、米国・ロスアンゼルスから新潟へ直行したい時は、まず韓国の航空機に乗って韓国の仁川に降り、さらに同空港内にある新潟行きのローカル機に乗り換えるだけでよいことになる。

船舶においても同様のことが１９９０年代初頭から進んでいた。グローバリズムの進展で巨大コンテナ船の需要が急激に増加したことを受けて、スーパーコンテナターミナルとしての港湾が整備され始めたのである。

貿易立国日本は、海外から原材料を毎年８億ｔほど輸入し、加工した製品１億ｔほどを海外に輸出しているが、トータルで９億ｔの物資の８割近くはコンテナ船で運搬されているのである。すでにアジアの主要港では、１９９０年代から国際物流としてのコンテナ船の基幹航路ネットワーク化が進んできているが、日本の港湾は高規格コンテナや港湾規模や深度、あるいはサービスやコスト低減などで大幅に遅れを取っている。

巨大コンテナ船を入港させるには、水深15ｍ以上の深さのある港湾と接岸するための岸壁を、連続して３バース以上（総延長１０００ｍ以上）、奥行き５００ｍ以上の特定国際コンテナ埠(ふ)

頭（次世代高規格コンテナターミナル）を備え、ガントリークレーンなどの荷役機械も大型化・自動化・コンピュータ化して、それらを総合的に管理する管理棟を備えることが必要である。

すでに、シンガポール、釜山、上海などの港湾では大規模な拡張と掘削がなされ、特定国際コンテナ埠頭を備えて世界中からの巨大コンテナ船を寄港させ、荷役作業の簡便化とサービス化に努めている。

米国や豪州から日本へコンテナを届けたくとも、巨大コンテナターミナルがないため、シンガポールや上海で貨物を下ろし、それを小型のコンテナ船に移した上で、日本に運搬している。まさに国際空港のハブ化と同様に、日本の港湾はローカル化し国際物流のネットワークから外れているのが実情である。しかも、馬鹿げたことに、これら諸国の港湾の掘削や、コンピュータ化されたガントリークレーンなどの諸設備は、日本企業が開発した技術で作られているのである。

世界の潮流から20年も遅れた日本は、2010年6月になって国土交通大臣は、「国際戦略ターミナル港」として、京浜港と阪神港の2つを選んだが、余りにも遅きに失した。つまり政策立案者の官僚たちは、戦略的思考を何も持ち合わせていないことを露呈している。

その結果、日本には1972年に外国航路に従事する大型船舶の隻数が1580隻あったものが、年々数を減らし、2010年では119隻へと激減している。当然ながら外航船の日本人船員も、1972年に5万7000人いたものが、2010年には2200人へと激減し、外国籍の船と船員が貿易立国・日本を担っている。

物流問題のみならず戦略的思考が必要なのは、輸出入などの経済部門だけではない。一例を挙げるならば、2010年に中国で発生した伝染病「サーズ」は、世界的なパンデミックを引き起こしたが、ワクチンの投与などによって2年ほどで終息した。このサーズが終息した後、日本は製薬会社全体に75億円を投資していたのに対して、米国では新たな病原菌の発生に備えてワクチン開発に、ファイザーやモデルナ社等に巨額(7000億円以上)を投資していたのである。

だが、厚生労働省では新たなワクチン開発のための資金を、製薬会社に投資していなかった。つまり、厚労省は新たな伝染病に対するワクチン開発の必要性を認めなかったということであるが、換言すれば「創造力、指導力、決断力」に欠けていたと言える。結局、コロナワクチン開発の遅れは、日本の社会経済活動を大幅に低下させ、多くの死者を発生させてしまった。

省庁審議会（国家政策立案）に自衛官と右派ジャーナリストの参加を

日本の国力を低下させるような政策は、外交をはじめ財務、防衛、資源エネルギー、農漁業、科学技術、厚生労働、国土交通等々、省庁が国家政策として立案する分野で生起してきた。

それゆえ、国家・国民目線で、官僚の立案した国家政策をチェックする機能が重要である。実は各省庁の政策案が作成され、次官会議や内閣に回わされる前に、チェック機関として「審議会」がある。これは内閣府設置法37条や54条で決められているからだが、1つの省庁には10～20ほどの「審議会」が設置されており、メンバーは大体10名から20名規模で構成される。

これは、各省庁に10～20ほどの「局」があり、各部局内で担当する国家政策が立案され、各係、各課そして各部で承認されて上がってきた案は、最終的に事務次官の下に集められ、次官会議を経て内閣へと送られる。ただし、各政策案が、次官の下に上がる前に「審議会」を経なければならない。

この審議会のメンバーは、当該省庁の官僚ＯＢが半数、残りを大学などの学者や有識者などで構成されている。しかしながら、どこの審議会でも政策案に対して「ノウ」を突き付ける所は多くない。

理由は官僚ＯＢは反対などしないし、有識者は御用学者と言われるほどで、反対などしたら、次回からは外されるだけでなく、政府主催の諸々の行事への出席や勲章ももらえなくなるからと言われている。

それゆえ、各省庁の審議会メンバーに、安全保障と危機管理に精通し、かつ戦略的思考を持つ退官自衛官やジャーナリストを複数参加させる必要がある。なぜならグローバリズム時代の国家戦略は、いずれの事案も安全保障の観点からのチェックが不可欠だからである。

要するに、前述したように、中央省庁の官僚と言われる人たちは、最も難しいと言われる国家Ⅰ種試験をパスしてきた人々である。だが、現場での体を張った厳しい仕事はなく、もっぱら書類とにらめっこをして分析したり計算したりする仕事や、政治家の議会説明を事前に作成するなど、記憶力や理解力そして判断力を必要とする仕事を得意として、創造的かつ戦略的な思考は不得意なのである。

それゆえ、遠大かつ重要な国家政策の立案などは、戦略的思考を持つと同時に現場でも丁々発止の活動をしてきたジャーナリストや、自衛官・警察官などが参加しなくては、国家・国民にとって有用な政策は立案されない。

特に、右派ジャーナリストの参加が必要なのは、彼らが、国内のみならず国外の裏情報や失敗例、成功例をよく知っている上に、正規ルートからの情報の誤りを糺(ただ)したり補えるからである。ただし、左派系の人物では駄目である。

もともとメディアに関わる人たちは、キリハンパワーに秀でているが、仕事の関係で諸々の現場や、諸々の人々と交渉したり現場を見たり、さらに文章をまとめたりといったソウシケツパワーも保持しており、人間行動や感情の機微を巧みに操ることもできる人たちである。

その上、国際化と情報化が進む国際社会は、国家の安全、経済発展、科学技術の発展、犯罪防止に至るまで、あらゆる分野（陸・海・空・宇宙・サイバー）を、メディア関係者は冷静に社会を見つめ、チェックをしつつ仕事をしているからである。

さらに、2023年には円安が進んで1ドル150円にまでなり、エネルギーを輸入せざるを得ない日本では、産業界も国民生活も苦戦を強いられている。貿易国家・日本の進むべき道を、指導者は見誤ってはならない。

おわりに

日本が開国から数十年で、一流国家の仲間入りを果たした原因を、現代の日本人、とりわけ組織を運営する者（企業、官僚など）はしっかりと見つめ直す必要がある。つまり日本人は軍事力を整えたことで列強の仲間入りを果たしたと考えられてきたが、実は日本人の優れた技術力と教育力が経済発展を支えたことを認識するべきなのである。

日本経済が１９９０年代に入ってグローバリズム時代に突入したとたん、金融引き締め政策によって円安が否定された結果、経済成長は完全にストップしてしまい、２０２２年までの30年間、国家のＧＤＰも個人のＧＤＰも、上昇しなかった。

しかも１９８０年代までの保護貿易体制にあぐらをかいてきたことで、経済界は軍事や科学技術の重要性を認識してこなかった。その結果、１９９０年代以降は、中央研究所を保有する大手企業も研究費を削減しただけでなく、文科省も研究開発費が欧米諸国や中国などに比べると異常に少ない上、さらに大学に対しても欧米中に比べると、極めて少ない対応をしてきた。

ただし、日本人は技術は優れているが、労働生産性に関しては欧米諸国の労働者に大きく劣るため、国家にしても個人にしても、大きく差をつけられてきた実態がある。幸いなことにこれを克服するために、生成ＡＩやChatGPTといったような新技術が出現したことで、日本を一気に大製造国家へと舵を切らせることになった。

ただし、このラッキーな現象を続けるためには、高校や専門学校、そして大学などの教育界において、男女の全てに「危機管理論」、「安全保障論」、「戦史」、「外交史」などを必修科目として教育することが必要である。

2024（令和6）年3月吉日

杉山徹宗

【参考文献】

『戦争論』K・V・クラウゼヴィッツ、篠田英雄訳、岩波文庫、1968年
『風土』和辻哲郎、岩波書店、1979年
『科学歳時記』小山慶太、丸善、1985年
『財界展望』前川清、1995年
『ソフトパワー』ジョセフ・ナイ、山岡洋一訳、日本経済新聞社、2000年
『真珠湾の真実』ロバート・スティネット、妹尾佐太男訳、文芸春秋、2001年
『企業の危機管理とその対応』上田愛彦、杉山徹宗、玉真哲雄、鷹書房、2002年
『ねじとねじ回し』V・リプチンスキ、春日井晶子訳、早川書房、2003年
『稲作民外交と遊牧民外交』杉山徹宗、講談社、2006年
『戦略の本質』村井友秀編著、日本経済新聞社、2008年
『文明の衝突』S・ハンチントン、鈴木主税訳、集英社、2009年
『失敗の本質』杉之尾、ダイヤモンド社、2012年
『イギリス人アナリスト、日本の国宝を守る』デービッド・アトキンソン、講談社、

２０１４年
『科学が見つけた神の足跡』、佐鳥新、幸福の科学出版、２０１５年
『中韓産業スパイ』渋谷高広、日経プレミアシリーズ、２０１７年
『技術は戦略を覆す』藤田元信、クロスメディア出版、２０１７年
『ブラック奨学金』今野晴貴、文藝春秋、２０１７年
『ハーバードの個性学入門』トッド・ローズ、小坂絵里訳、早川書房、２０１９年
『縄文文明』小名木善行、青林堂書店、２０２０年
『量子コンピュータ』渡邊靖志、講談社、２０２１年
『読み終わらない本』若松英輔、角川書店、２０２３年
『ChatGPT時代の付加価値仕事術』、田尻望、日経ＢＰ、２０２３年
"The International Arms Trade" Edward Laurence, Macmillan, New York, 1992
"Sea Power 1997", US NAVY LEAGUE", Virginia, 1998
"Strategy: The Logic of War and Peace"' Edward N. Lutwak, Harvard University
Press,1987' Revised and Enlarged edition.1996.
"Operational Logistics the Art and Science of Sust ＡＩ ning Military Operations", Moshe K.

Springer International Publishing, 2016
"Secretary of Defense Annual Reports to Congress", Department of Defense, 2018.

杉山徹宗（すぎやま かつみ）

慶應義塾大学法学部卒、ウィスコンシン大学院修士課程修了、カリフォルニア州立大学非常勤講師、明海大学教授を経て名誉教授。(財)ディフェンスリサーチセンター研究委員を経て専務理事、自衛隊幹部学校・部外講師。青山学院大学非常勤講師、幸福の科学大学客員教授等を歴任。専門は国際関係論、安全保障論、法学博士。

【主要(単)著書】

『中国4000年の真実』、『中国の最終目的』(以上、祥伝社)。『勝者の戦略』、『騙しの交渉術』、『なぜ朝鮮民族は日本が嫌いなのか』(以上、光人社)。『稲作民外交と遊牧民外交』(講談社)。『大国の外交戦略史』、『企業の危機管理』、『英米の興亡と日本の戦略』(以上、鷹書房)。『ソビエト軍事症候群』(原書房)。『歯科医院の英会話に強くなる本』(クインテッセンス社)。

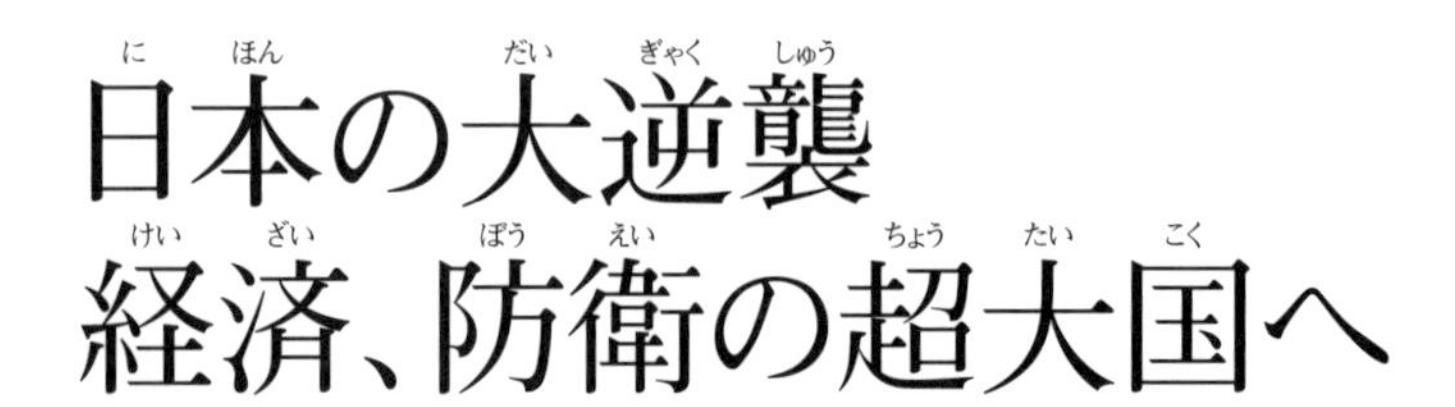

2024年4月20日　初版発行

著　者　杉山徹宗

装　丁　木村慎二郎
編　集　川本悟史(ワニブックス)

発行者　横内正昭
編集人　岩尾雅彦
発行所　株式会社 ワニブックス
〒150-8482
東京都渋谷区恵比寿4-4-9 えびす大黒ビル

お問い合わせはメールで受け付けております。
HPより「お問い合わせ」へお進みください。
※内容によりましてはお答えできない場合がございます。

印刷所　株式会社光邦
ＤＴＰ　アクアスピリット
製本所　ナショナル製本

定価はカバーに表示してあります。

ISBN 978-4-8470-7448-6